PARA MATRIMONIOS...

...Con Amor

"Aprendiendo a vivir con nuestras diferencias"

DAVID HORMACHEA

EDITORIAL
UNILIT

Publicado por
Editorial **Unilit**
Miami, Fl. U.S.A.
Derechos reservados

Primera edición 1994

Cubiera diseñada por: Barbara Wood

Las opiniones expresadas por el autor de este libro
no reflejan necesariamente la opinión de esta Editorial.

Producto 498590
ISBN 1-56063-563-0
Impreso en Colombia
Printed in Colombia

Contenido

*Escrito para la gloria de nuestro
Padre celestial, quien es el dador de
todo don perfecto
y
dedicado a la única mujer en este mundo que
fue designada soberanamente por mi amoroso
Padre celestial para poder comprender, amar,
apoyar y ayudar a este siervo, para que por medio
de los dones que el Espíritu Santo tuvo a bien
concederle, use de las relevantes enseñanzas de
las Sagradas Escrituras, para traer esperanza
y consuelo a quienes sufren porque no han
aprendido a vivir con sus diferencias.*

En homenaje a mi querida esposa Nancy, a quien amo con
todo mi corazón por darme los mejores hijos del mundo, por
su abnegación y sacrificio de tantos años y en agradecimiento
por demostrar su ausencia de egoísmo, al renunciar a sus más
altas metas personales para permitirnos, a mis hijos y a mí,
lograr grandes metas en la vida.

1

Tristes momentos de confusión e impaciencia cuando el matrimonio conversa acerca de las diferencias

"Todos sufrimos confusión y muchos actuamos inadecuadamente, cuando nos damos cuenta de que nos hemos casado con alguien inmensamente diferente. El problema no es lo que sentimos, sino cómo actuamos por lo que sentimos"

David Hormachea

Tristes momentos de confusión e impaciencia cuando el matrimonio conversa acerca de sus diferencias

Hay momentos en que enfrentar la realidad es realmente difícil. Sin embargo, es mucho más lamentable y peligroso vivir tratando de ignorarla. Si usted ha elegido el matrimonio para poder vivir en el mundo de la fantasía o muy pronto terminará su fantasía o lamentablemente terminará su matrimonio. Es verdad que generalmente somos atraídos por personas diferentes, pero la historia es totalmente diferente cuando tenemos que vivir con ellas. Esa es una razón por la que la mayoría de las parejas tienen serios conflictos cuando descubren lo diferentes que son.

Todo cónyuge en determinado momento comenzará a vivir temporadas de antagonismo al notar lo diferente que es la persona con quien eligió casarse. Todo matrimonio tarde o temprano tendrá uno de esos diálogos que en vez de traer esperanza, nos deja con un sabor amargo y que en vez de ayudarnos a encontrar respuestas, nos crea un sinnúmero de signos de interrogación. Es posible que algunas vez usted haya escuchado algunas de la siguientes declaraciones: "Somos tan diferentes que lo mejor sería separarnos", "Somos demasiado diferentes, y aunque no creo que es bueno separarse, creo que de aquí en adelante debes hacer las cosas a tu manera porque yo las haré a la mía", "Cuando yo pienso blanco, tú piensas negro", "Estas diferencias nunca terminarán". Por supuesto que no son palabras fáciles de ser escuchadas y mucho menos si éstas salen de los labios de aquella persona con quien nos comprometimos a permanecer juntos para toda la vida.

Por dolorosas que sean estas palabras, sin duda, expresan grandes verdades. Lo desagradable es que nos anuncian que vienen consecuencias que ningún ser racional desea. Separarse o divorciarse por las diferencias, es tan ridículo como querer casarse con alguien que sea igual a uno. Resentirse y no aceptar las diferencias es como querer tener a su lado un robot. Alguien que hable, piense, haga y diga todo lo que uno le mande. Pero, ¿es realmente eso lo que busca el cónyuge que está haciendo estas declaraciones? Mi respuesta enfática a esta pregunta es un rotundo no. Lo que generalmente la persona busca, es ser entendida, y en medio de su frustración expresa su desaliento. Obviamente este cónyuge siente que sus puntos de vista, sus formas de hacer las cosas, sus anhelos, sus deseos, no están siendo tomados en cuenta en la medida que espera.

Hoy, a diferencia de lo que pensaba antes, y después de muchos años de matrimonio, pienso que tras estas declaraciones se encuentra oculto un buen mensaje que está siendo entregado con el propósito de que sea comprendido. Debo reconocer que no siempre he pensado tan positivamente, pues hubo momentos en que al escuchar estas declaraciones de preocupación de mi esposa, sentí que todo mi mundo familiar se desmoronaba. Cada vez que escuchaba estas palabras me parecía oír el anuncio de una separación, sobre todo cuando concluíamos que no valía la pena seguir hiriéndonos. Era amenazante pensar que no tenía sentido seguir juntos si cada vez que yo hacía algo que a ella no le agradaba, o cada vez que ella hacía algo que a mí no me agradaba, volvíamos a discutir acaloradamente acerca del problema, y una vez más, después de conversar y expresar cada uno sus puntos de vistas, llegaríamos a la repetida y decepcionante conclusión: "Somos demasiado diferentes".

En determinados momentos y queriendo entender nuestras diferencias, tanto mi esposa como yo, tomamos el tiempo para pensar en el pasado y estudiar el trasfondo familiar de cada uno. Después de nuestro análisis de las respectivas familias políticas, llegábamos a la conclusión de que una de las razones por la que somos tan diferentes es por la forma tan diferente en que fuimos criados. Creo que todos estamos de acuerdo con esta conclusión, pero una conclusión no es una solución, sobre todo cuando sabemos que tal vez nuestras diferencias nunca terminen y que algunas de ellas nos acompañarán toda la vida. El resultado de este frío análisis ha sido la frustración de mi esposa, su desesperanza y su respectiva declaración comunicándome que ella no podía vivir tranquila con estas diferencias. Precisamente en aquellos momentos aparecía en mi mente un gran incógnita. Si no podemos vivir tranquilos con nuestras diferencias, ¿Cuál debería ser la solución o cuál debería ser el siguiente paso? Me pregunté muchas veces, ¿qué es lo que debería hacer una pareja que no sabe cómo vivir con sus diferencias?

Soy de las personas que piensan que determinaciones tan importantes como estas de ninguna manera deben ser producto de una decisión emocional, abrupta y sin profunda meditación. Esa es la razón por la que, cuando tuvimos estas dificultades en nuestro matrimonio, decidí pensar seriamente sobre el asunto. Tomé la decisión de investigar lo que Dios desea que todos nosotros hagamos cuando nos encontremos en esas circunstancias. Me repetí constantemente a mí mismo: Si Dios nos creó diferentes y permitió que con diferentes trasfondos, deseos, costumbres, anhelos y metas lleguemos a ser un matrimonio que está supuesto a convivir en la relación interpersonal más cercana e íntima de este mundo, es imposible que El no tenga una respuesta, no es posible que no haya dejado un camino para poder convivir. Mi conclusión una vez más me daba esperanza pues Dios es el autor del matrimonio, El creó la familia y sin duda tiene respuestas a nuestras más grandes interrogantes.

Creo que la mayoría de los cristianos cuando buscamos el consejo divino actuamos de la misma manera. Generalmente estamos esperando que Su consejo coincida con nuestras expectativas, pero muy pronto me di cuenta de que las respuestas que yo esperaba no eran las que la Biblia me entregaba. Una vez más tenía que ser recordado que las respuestas divinas no siempre son las que los orgullosos y egoístas seres humanos esperamos. Si las respuestas hubieran sido lo que mi esposa y yo esperábamos, Dios habría tenido que darnos dos respuestas diferentes y al aplicar sus consejos, en vez de terminar nuestros conflictos más bien nos habríamos metido en otros mayores porque tanto yo como mi esposa, esperábamos que la Biblia nos diera la razón.

La fórmula divina que descubro en las páginas de la Biblia realmente me resulta paradójica porque rompe los ideales humanos de la misma forma que lo hacen muchos de sus principios. En la historia podemos notar que cada vez que una sociedad ha encontrado una desarmonía entre sus valores y los valores divinos, ésta ha tratado de ridiculizar los categóricos principios y mandamientos divinos. A través de los siglos, los hombres han rechazado los altos valores divinos, porque sin duda, éstos se salen de las expectativas humanas. Las fórmulas divinas no son fácilmente aceptadas por nosotros los humanos. Es difícil para nosotros aceptar que vamos a ser exaltados cuando nos humillamos, y que seremos bienaventurados cuando sufrimos. Estas son fórmulas que no encajan en nuestro orgulloso corazón. Pero, Dios no se ha equivocado. Estos fueron los principios que rigieron la vida de Jesucristo, y aunque a los ojos de sus contemporáneos puede haber terminado como un perdedor, ante los ojos de Dios-Padre, su humillación le llevó a la exaltación y su actitud de siervo a la posición de Rey.

Después de pensar en todo lo expuesto anteriormente, creo que el éxito de la relación conyugal radica fundamentalmente en aceptarnos tal como somos. Ninguno debe intentar cambiar a su cónyuge, más bien cada uno por sí solo debe determinar hacer todos los cambios que sean indispensables para la adecuada relación matrimonial.

Estos cambios serán efectivos siempre y cuando se tome en cuenta las necesidades de la persona amada y cuando nuestra determinación de cambiar no esté basada exclusivamente en la opinión humana sino en el consejo divino, aunque éste vaya en contra de los anhelos humanos.

2

> Si Dios nos hizo diferentes para beneficiarnos mutuamente, no tratemos de ser iguales pues nos destruiremos paulatinamente

"Tratar de hacer cualquier cambio necesario para el bienestar de la relación matrimonial es vivir sabiamente, pero tratar de cambiar a nuestro cónyuge, por buscar nuestro bienestar personal es vivir neciamente".

David Hormachea

Si Dios nos hizo diferentes para beneficiarnos mutuamente, no tratemos de ser iguales pues nos destruiremos paulatinamente

Cuando comenzamos a luchar por cambiar a nuestro cónyuge con la intención de convertirlo en una persona de acuerdo a nuestra imagen, no logramos sino destruir su personalidad. Estamos luchando contra sus características peculiares, y esto, por supuesto, no será nada agradable. Tampoco esto significa que en el matrimonio cada uno debe vivir en forma independiente sin que le importe los ideales y deseos de su cónyuge y que exclusivamente sus exigencias y demandas necesiten ser satisfechas. Lo que sí significa es que hay cosas que no necesariamente deben cambiar y otras cuyo cambio es indispensable para la adecuada convivencia conyugal.

Después de mi investigación he llegado a la conclusión de que la respuesta bíblica a nuestra interrogante acerca de cómo aprender a aceptar nuestras diferencias, es tener el más serio compromiso de ser un matrimonio al estilo divino. Naturalmente que esto es fácil de enunciar y muy difícil de aplicar porque va en contra de nuestras costumbres y es un golpe mortal al machismo y feminismo que constantemente intenta apoderarse de nosotros.

Aunque esta ruta es dura de seguir, es el único sendero que nos depara resultados positivos. Este camino exige que ambos cónyuges renuncien a sus intereses personales cuando estos van en contra de los intereses del matrimonio y que renuncien a todo interés, meta y propósito si estos se oponen a la voluntad divina. Este es un camino difícil pero hermoso pues le enseña a la persona a luchar por la realización de su cónyuge porque en el verdadero amor, la realización de éste será su propia realización.

Dios no entrega la autoridad al hombre como una posición de autoridad militar y luego le permite a quienquiera que está ocupando la posición de esposo, usar esa autoridad cuando él quiera y crea conveniente sin tener como motivación prioritaria el servir y buscar el bienestar de su esposa.

La autoridad que Dios me ha entregado como cabeza del hogar, no está representada por una placa de policía que se pone en mi pecho. Esa placa pertenece al ambiente policial y no a la vida familiar. De la misma manera, un delantal, de ninguna manera describe la responsabilidad de una mujer. Ese uniforme puede representar a una empleada doméstica y su mundo de trabajo en el servicio de un hogar. Tampoco la función de la esposa está representada por el uniforme de un sargento que intenta dirigir el hogar con órdenes insensibles y actitudes tiránicas.

Por supuesto, Dios entrega funciones distintas a los cónyuges porque El mismo nos hizo diferentes. Por esta misma razón es que nos necesitamos mutuamente, porque ambos cumplimos funciones que se complementan. Sin duda que necesitamos de nuestro cónyuge. Un hombre y una mujer anhelan tener una ayuda idónea, la anhelan porque en lo profundo de su corazón desean estar completos. El hombre y la mujer anhelan precisamente aquello que es diferente, aquello que Dios creó en un ser humano de diferente sexo, porque juntos en una relación normal que se someta al estilo divino, ambos se ayudarán mutuamente y se sentirán completos.

Generalmente cuando uno habla de necesitarse mutuamente, en la mente de muchos hombres inmediatamente aparece la imagen de su necesidad de la unión sexual, pero lo cierto es que esta necesidad de unidad y de compartir la vida con otro ser humano de diferente sexo incluye mucho más que la necesidad económica o sexual.

Cuando Adán vio por primera vez a Eva debe haber estado maravillado de las diferencias. Estar cara a cara con otro ser humano de sexo diferente y tener la posibilidad de disfrutar de aquellas diferencias, sin duda era algo que le deleitaba en gran manera. Ciertamente hubo una excitación sexual, pero no era todo lo que estaba en su mente ni esa era toda la necesidad de complemento que él tenía. Al estar juntos, esas bellas diferencias que tenían les darían la oportunidad de que las necesidades de ambos fueran satisfechas. Por supuesto que esas bellas diferencias sobrepasaban el campo físico.

El matrimonio nunca fue diseñado para que sea una exclusiva relación física entre dos personas que debido a que son diferentes físicamente, pueden complementarse porque están hechos el uno para el otro. El matrimonio transciende lo físico y si las diferencias físicas son buenas, necesarias, complementarias y hermosas, de la misma manera lo pueden ser todas las diferencias que se hacen evidentes en la relación interpersonal de una pareja. Por eso es razonable pensar que de la misma manera que no debemos permitir que existan conflictos porque somos diferentes físicamente, tampoco debemos permitir conflictos porque tenemos diferencias en otras áreas importantes de nuestra vida.

Sin duda, es posible disfrutar de nuestras diferencias físicas sin que éstas se constituyan en una amenaza. Por las diferencias físicas podemos aceptar, rechazar, perjudicar o beneficiarnos de la relación interpersonal con otro ser humano y todo depende de la actitud que tiene cada persona al tener cercanía a una persona diferente. Es claro que disfrutamos de nuestras diferencias físicas, cuando nuestros actos físicos no perjudican ni hieren a la persona amada. Disfrutamos de nuestras diferencias físicas cuando nuestros actos físicos no provocan un cuestionamiento de nuestro amor. En otras palabras, si nuestras acciones físicas son mutuamente aceptadas no causarán un cuestionamiento de nuestro amor. Por ejemplo, una esposa puede estar feliz de la fortaleza física de su marido, a diferencia de su debilidad si es que ésta es usada con sabiduría para ayudarle y protegerla, pero si él usa esa diferencia para intimidarla o abusar de ella físicamente, la actitud es absolutamente errónea.

En el caso de la relación física de los cónyuges, estos disfrutarán de las caricias aunque cada uno de ellos las realice de forma diferente, siempre y cuando ambos las acepten, pero si las caricias que realiza uno de los cónyuges es un comportamiento considerado inaceptable por el otro, se producirá un cuestionamiento del amor.

Lo que es cierto en el área física es cierto en otras áreas. Disfrutamos de nuestras diferencias en cualquier área cuando lo que hacemos, aunque sea diferente, no hiere a la persona amada, ni provoca un cuestionamiento de nuestro amor. Si Adán hubiera sido deslumbrado solamente por las diferencias físicas y por la posibilidad de una relación física, Eva se hubiera sentido usada tal como se sienten muchas esposas en nuestros días. Si solamente las diferencias físicas pueden ser disfrutadas, muchas mujeres se sentirían como un objeto, o como un medio de satisfacción personal y no como una persona amada para quien se busca lo mejor. Muchas esposas se sienten ofendidas porque hay hombres que demuestran una gran codicia por su cuerpo, pero una ausencia de interés en su satisfacción integral.

La conclusión es que las diferencias no tienen por qué convertirse en armas destructivas o en elementos de división de la unidad conyugal. Todo lo contrario, las metas más loables de la vida matrimonial se alcanzan cuando ambos cónyuges están dispuestos a sacar provecho de sus diferencias para complementarse y ayudarse mutuamente.

El matrimonio funciona al estilo divino cuando con mucha sabiduría aprovecho las fortalezas de mi cónyuge para ser ayudado en mis debilidades y cuando mi cónyuge ve mi aporte diferente y necesario para ayudarle en sus debilidades, y juntos apoyándonos mutuamente, marchamos por la senda de la vida para cumplir las metas de nuestro matrimonio.

Dios nos hizo. diferentes y algunas de estas diferencias nunca se acabarán. Algunas de ellas deben ser rechazadas y debemos lo antes posible abandonarlas porque es imposible mantenerlas y vivir en armonía, pero la mayoría de ellas no tienen por qué ser despreciadas, todo lo contrario, deben preservarse porque son el mejor complemento del matrimonio.

El más grande secreto es que debemos aprender a vivir con las diferencias. Existe la opción de vivir con ellas, disfrutarlas y ser beneficiados, aunque la gran mayoría de las parejas elige opciones que son realmente sorprendentes y que estudiaremos a partir de este momento.

3

Elecciones sorprendentes de seres humanos inteligentes

Un matrimonio va camino a la destrucción cuando los cónyuges prefieren solamente la satisfacción de sus metas personales, en vez de buscar con determinación cumplir las metas matrimoniales. Eso no sólo es ser poco inteligente, sino que también es vivir destructivamente".

David Hormachea

Elecciones sorprendentes de seres humanos inteligentes

Mientras más vivo y más estudio acerca de los problemas humanos, más me sorprenden las elecciones que algunos realizan. Son realmente sorprendentes las opciones que la gente prefiere. Nunca dejo de asombrarme de las erróneas determinaciones que toman algunas personas, sobre todo en aquellos momentos cruciales en que están tratando de decidir el futuro de su matrimonio. Son sorprendentes los caminos que la gente usa para intentar salir de sus conflictos.

Analicemos algunas de las decisiones que algunos cónyuges toman cuando se dan cuenta de que tienen una forma tan diferente de ver la vida que no encuentran armonía en su relación matrimonial.

Juntos pero a mi manera: La determinación de la tiranía y la pasividad.

a. La tiranía.

Es la determinación para satisfacer sus propias necesidades y desconsiderar las necesidades de su cónyuge.

Cuando las diferencias han llegado a un punto crítico en que están produciendo agravio, algunos deciden como lo haría un tirano. Determinan que las cosas en ese hogar se deben hacer como él o ella quiere, cuando quiere, y como quiere. Cuando un matrimonio vive en esta situación, el otro cónyuge lo máximo que logra es lanzar sus opiniones al aire, pero casi siempre producen, en quien ha decidido actuar como un tirano, una reacción de enojo. Cuando esta es la situación conyugal, nada bueno está ocurriendo.

Los hombres que tratan a sus hijos mayores como a niños y a sus esposas como hijas o peor aun, las tratan como a sirvientas, están destruyendo paulatinamente su familia. Estas personas actúan como un dictador que cansado de que otros opinen de forma diferente y que otros puedan controlar parte o todo lo que él controla, decide someter a la fuerza a todos los que piensan diferente a él, y permite que sólo se le acerquen todos aquellos que le apoyan en su proceder.

Los dictadores son aquellos que no soportan las diferencias y que después de tratar de cambiar a todos los que le rodean para que lleguen a pensar como él, y al darse cuenta de que es imposible, deciden iniciar su tiranía.

Lamentablemente esa es la situación que viven muchos hogares. Esto generalmente ocurre cuando uno de los cónyuges se siente amenazado por las diferencias y debido a que nota que es imposible cambiar a la otra persona, decide actuar como un tirano.

Hombres y mujeres pueden decidir esto y los que así deciden, no sólo vivirán personalmente frustrados, sino que traerán frustración a todos los que le rodean creando en ese hogar un ambiente de constante discordia. Lamentablemente muchas de estas personas no son capaces de darse cuenta de lo que están haciendo, ni admiten que su comportamiento produce angustias a pesar de que los demás intentan comunicárselo.

Debido a este rechazo a ver su realidad o a esta inhabilidad de percibir o de comprender el dolor que experimentan los demás, a veces estas personas sufren menos que aquellos a quienes están causando graves heridas con su comportamiento, pero son grandes agentes de opresión y angustia en su familia. En estas circunstancias es indispensable la ayuda del consejero que podrá ayudarle a darse cuenta de lo destructivo que es su comportamiento y de las consecuencias que tanto él como los que le rodean pueden sufrir. Martín Lutero, referente a esto dijo una gran verdad. El dijo que la necedad, que el ser terco es una enfermedad que no afecta tanto al que la tiene, como a los que lo rodean.

b. La pasividad.

Es la determinación a no involucrarse. Este es el mal necesario de los mediocres. Aunque es lamentable también es real que algunos eligen una actitud de absoluta pasividad. Muchas personas determinan ser pasivos porque se sienten impotentes y prefieren permanecer con una actitud de aceptación de la situación que viven, a pesar del futuro desagradable que les espera. Ellos son los que pierden toda esperanza de encontrar solución y deciden aceptar lo que venga. Algunas personas que han decidido actuar como pasivos, lo hacen porque creen que perderán mucho más al enfrentar el problema que seguir huyendo de él.

Es triste hablar de aquellos que por voluntad propia han decidido ser pasivos, pero es mucho más dolorosa la situación de quienes son sometidos y obligados a tomar una actitud de pasividad por los cónyuges tiranos que están gobernando la relación.

En mi concepto, están equivocados todos aquellos que eligen seguir viviendo de la misma manera. Los tiranos y los pasivos, cada vez que enfrentan un problema, producto de que alguien tiene una forma diferente de ver la vida, se enojan, discuten, vuelven a conversar, vuelven a herirse, vuelven a reconciliarse y así siguen hasta la próxima instancia.

Los tiranos son aquellos que han decidido vivir como ellos creen que es mejor, le duela a quien le duela, y le guste a quien le guste. La única razón por la que mantienen un cónyuge a su lado, es porque éste ha sido sometido, ha decidido ser pasivo o simplemente acepta la dolorosa situación que vive y ha determinado vivir como un robot al lado de alguien que ha elegido ser un dictador en vez de vivir como un cónyuge amoroso.

La decisión de hacer las cosas a su manera sin tomar en cuenta los deseos y anhelos de sus protegidos, aunque sea una persona muy responsable que está supliendo con diligencia las necesidades económicas, es la elección típica de un tirano o de alguien que cree que es el único maduro, responsable de todos los inmaduros que han sido puestos bajo su cuidado. Ellos, en realidad no quieren tanto un hogar, sino que más bien prefieren actuar en el hogar como si ellos fueran profesores de su jardín de infantes llamado familia.

Me he dado cuenta de que la decisión que han tomado algunas mujeres de permanecer bajo el dominio de un cónyuge que presenta características de un tirano, en algunos casos ha sido producto de la inmadurez, la inseguridad, la impotencia o la absoluta dependencia económica, física y emocional en que se encuentra el cónyuge sometido. La determinación a vivir en estas condiciones nunca traerá buenos resultados.

Lamentablemente existe una gran posibilidad de que tarde o temprano terminen divorciándose, si es que el cónyuge sometido, en algún momento despierta a la realidad y hace esfuerzos por romper las cadenas de esclavitud y excesiva dependencia que le han anulado.

A quiénes así viven les puedo asegurar una vida de constantes amarguras, conflictos interpersonales y discusiones, si su cónyuge todavía tiene algo de dignidad y valentía para de vez en cuando enfrentarlo.

Al que decide vivir como un tirano también puedo asegurarle una vida de amarguras, aunque algunas veces para quien se ha acostumbrado a vivir de esa manera, ese estilo de vida puede parecerle normal.

Sin embargo, para el cónyuge que se encuentra esclavizado, coartado de sus libertades, quien no tiene voz que pueda ser escuchada, opinión que pueda ser declarada, ni metas, ni anhelos que quieran ser considerados, lo único que puedo garantizarle es algo que no puede ser llamado vida sino una constante amargura. La persona que vive en estas circunstancias vivirá como si estuviera muriendo lentamente, como si se desangrara poco a poco internamente. En esas circunstancias la vida está llena de tristezas y la persona oprimida derrama constantes lágrimas a escondidas para evitar mostrar su dolor, mantiene con su pareja conversaciones en monosílabos para evitar la cercanía y se toma ciertas libertades a hurtadillas, pero vive una vida de doble personalidad. Callada, ocupada, seria e introvertida cuando está presente su cónyuge y conversadora, más alegre y extrovertida cuando está con otras personas en ausencia de su cónyuge.

4

Juntos pero no unidos: La determinación de la incapacidad

"Decidir estar juntos sin disfrutar de la unidad, sólo por no estar dispuesto a buscar soluciones, es un acto de necedad, o tal vez no tienen conocimiento, o las herramientas para lograrlo, o sencillamente no tienen la capacidad".

David Hormachea

Juntos pero no unidos:
La determinación de la incapacidad

Algunas personas optan por una opción diferente, pero no mejor que la anterior. Estas personas consideran que las diferencias son demasiado grandes como para poder vivir una vida normal, pero no tan grandes como para terminar completamente la relación matrimonial. Ellos deciden seguir viviendo juntos, pero cada uno hace sus decisiones y elige sus actividades.

Generalmente, cuando son matrimonios con hijos, los padres se resisten a dejar en ellos las marcas de un divorcio. Los cónyuges no soportan sus diferencias, siguen juntos, pero lo hacen exclusivamente por los niños y tratan de buscar alguna forma de matrimonio que le proporcione a los hijos una buena imagen, pero en la práctica ese matrimonio normal no existe.

Incluso, pueden dormir en la misma cama y de vez en cuando, cuando la necesidad apremia, tener una relación corporal que culminará con un hombre satisfecho físicamente, una mujer que una vez más se siente un objeto y que generalmente aparentará satisfacción sexual, pero en realidad es un acto que odia cada vez con mayor intensidad. En esta opción, los cónyuges viven como un matrimonio normal, pero buscan la mayor independencia posible. Estas parejas deciden manejar sus asuntos económicos en forma independiente y juntan sus intereses sólo en lo que es indispensable.

Lamentablemente en este tipo de relación, cada uno está calculando su involucramiento. Incluso, las amistades comienzan a ser diferentes y los cónyuges comienzan a frecuentar lugares distintos.

Hay intentos de acercamiento que son inmediatamente frenados si descubren que su cónyuge puede pensar que está mostrando una imagen de debilidad. Ambos desearían volver a ser un matrimonio normal, pero el temor a ser abusado\a y el orgullo por no demostrar que está cediendo son una buena combinación de impedimentos de la restauración de la relación conyugal.

La pareja, poco a poco va perdiendo las cosas que tenían en común. Ya no hay preguntas acerca de lo que hicieron durante el día, ni acerca de adónde fueron, aunque se molestarán grandemente si llegan a enterarse de que el cónyuge está haciendo algo que considera inadecuado.

Estos matrimonios viven en la incertidumbre. No saben qué vendrá mañana. Se van perdiendo todas las cosas comunes. No pueden invitar amigos, no pueden hablar de temas comunes, las conversaciones son cortas y calculadas y los movimientos son tan planificados como en un juego de ajedrez. Las comidas en que coinciden, están matizadas por el ruido de las cucharas en el plato y la televisión encendida.

De vez en cuando una conversación con los niños, aunque cada uno de los cónyuges cambiará el tema a su entera discreción y los niños conversarán con uno o con otro dependiendo de quién tenga el turno en el diálogo. La independencia que parecía saludable para poder vivir con sus respectivas diferencias se va convirtiendo en aislamiento, en soledad extrema. Es en estas circunstancias que comienza a hacerse real el dicho que dice: "es mejor estar solo que mal acompañado", u otro dicho que dice: "con esos amigos, para qué enemigos".

Para los matrimonios que se encuentran viviendo esta realidad, las diferencias se ahondan, no se suavizan, la independencia les aleja, no les acerca, el matrimonio se va destruyendo, no construyendo. Vivir así no es buscar una solución, sino más bien seguir una opción errónea.

Algunos dicen "no hay mal que dure cien años", pero también debemos decir "que no hay racional que lo aguante". Esa no es vida, ni para los cónyuges, y peor para los hijos. Si usted cree que está haciendo un bien a sus hijos, le advierto que les hará más mal que el bien que ha pensado hacerles.

Como una forma de provocar la reflexión de las personas que han decidido vivir de esta manera, quisiera presentarles algunas interrogantes: ¿Recuerda usted como placenteros aquellos momentos en que tuvo la oportunidad de ser testigo de algún conflicto entre sus padres? ¿Sintió, alegría, contentamiento, tuvo seguridad, certidumbre, mejoró sus calificaciones en la escuela? ¿Piensa usted, ahora que es un adulto, que fueron provechosos aquellos momentos en que por los conflictos que existieron entre sus padres tuvo la oportunidad de aprovecharse de pedir dinero a cada uno de ellos, solamente porque ellos estaban enojados? ¿No es cierto que se puso más llorón, y mucho más sentimental cuando en su hogar existían conflictos? ¿No recuerda ahora que hizo cosas tontas, sin saber que estaba tratando de llamar la atención? ¿No es cierto que bajó sus calificaciones y sintió que el temor y la incertidumbre por momentos consumía su corazón de niño?

Mi pregunta final es: ¿Por qué cree que sus hijos no sufrirán lo mismo, ahora que ustedes son adultos y tienen conflictos? ¿Y qué le hace pensar que ellos no tendrán marcas en su personalidad por la inseguridad que como padres les están proveyendo?

Si pudiera escuchar sus respuestas sé que estarían de acuerdo conmigo: de que el mismo peligro, grande o pequeño que usted vivió, es el que están viviendo sus hijos. Quienes determinan vivir de la manera descrita, no han hecho nada más que elegir una parálisis progresiva y poco a poco irán perdiendo control de sus vidas y de sus matrimonios. Cada vez tendrán más impedimentos para hacer lo que anhelan, y de esa manera la relación conyugal morirá lentamente, aunque parte de ella ya está absolutamente muerta.

5

Abandono por las diferencias: La determinación de la cobardía

"Separarse de su cónyuge solamente porque éste es diferente, es como querer estar casado con un robot y no con un ser racional e inteligente".

David Hormachea

Abandono por las diferencias:
La determinación de la cobardía

Algunas personas sin buscar la ayuda capacitada, deciden que sus diferencias son demasiado grandes como para poder permanecer juntos y eligen el camino de la separación. Creo que todas las parejas en algún momento y al vivir situaciones conflictivas en su relación matrimonial han pensado en la separación.

Existen momentos de grandes discusiones en que el enojo ha llegado a un nivel tan elevado que no sólo les ha pasado por la mente sino que ambos cónyuges han declarado que lo mejor que pueden hacer es separarse.

En la mayoría de los matrimonios normales estas determinaciones no fueron sino el producto del enojo del momento, y de ninguna manera están listos a llevarlas a la realidad pues conocen las serias implicaciones de una determinación como ésta y se aman lo suficiente como para pasar por alto los normales malos ratos de una relación interpersonal cercana.

En algunos países, a las personas que han determinado separarse se les facilita el camino pues es permitido el divorcio por incompatibilidad. Ellos piensan: "Somos incompatibles y debemos divorciarnos". Lamentablemente, esta es la posición de muchas personas que no están dispuestas a ceder en algunas cosas que son indispensables, ni tampoco tienen la disposición de aceptar las diferencias que sean necesarias para que cada cónyuge siga teniendo sus propias características. Cuando no existe la determinación para hacer los cambios indispensables y se decide el divorcio, ese matrimonio ha muerto y la lápida de ese matrimonio podría decir: "Divorciados porque no aprendieron a vivir con sus diferencias".

El divorciarse sin buscar ayuda profesional es un serio error. El no tener la absoluta disposición para realizar los cambios indispensables para una adecuada convivencia es la opción de los decepcionados, es el terrible final de los desertores.

No estoy diciendo que nunca van a existir ocasiones en que el divorcio sea lo más aconsejable, momentos en que yo mismo como consejero, y basado en la Palabra de Dios, tengo el deber de aconsejarlo porque en esas circunstancias éste es el único medio de protección de la integridad física y emocional de uno o de ambos cónyuges.

Hay cónyuges que sufren un serio trastorno mental, o que tienen como práctica constante el adulterio y viven constantemente en la promiscuidad sexual, sin ningún deseo de cambiar su estilo de vida. Los cónyuges que deciden vivir en ese estilo de vida pecaminoso y no están dispuestos a abandonarlo están trayendo serios peligros para la salud emocional, física y espiritual de su pareja. En esos casos, la vida y la salud están siendo amenazadas. En esas circunstancias, la decisión de permanecer juntos, con frecuencia produce daños permanentes a la familia o puede terminar en una tragedia.

Es inadecuado determinar que a pesar del peligro en que se encuentran los miembros de una familia, sólo por ser cristianos, tengan que permanecer en ese ambiente perjudicial. Un esposo en peligro de asalto físico o muerte por las amenazas de una mujer con una enfermedad mental, o una esposa que corre peligro de contraer enfermedades venéreas o el mortal sida por la promiscuidad de su esposo, o los hijos que están siendo tratado en forma abusiva o brutal por uno o ambos padres, de ninguna manera deben ser obligados a permanecer vinculados a esa relación peligrosa.

Hay ocasiones únicas cuando es necesario que un matrimonio se separe, aunque sea temporalmente, pero esta separación nunca debe llevarse a cabo sin la supervisión de un consejero. Sin embargo, el divorciarse por no tener la disposición o capacidad de aprender a vivir con sus diferencias me parece la más barata forma de deserción.

Ninguna persona debería pensar que en el matrimonio existen soluciones fáciles y mucho menos que la situación matrimonial cambiará sin que personalmente hagan los cambios necesarios. Así como dice el dicho popular que "no hay más ciego que el que no quiere ver", creo que no existe cambio más imposible que el que no se quiere realizar.

En vez de abandonar una relación matrimonial por conflictiva que ésta sea, los cónyuges deben hacer todos los esfuerzos por encontrar soluciones. La mayoría de las veces en que la mala situación se ha mantenido es casi imposible encontrar soluciones entre ambos cónyuges y la acción más sabia que ambos pueden determinar es buscar el consejo de un profesional.

El ignorar los problemas o el abandonar la relación conyugal sin buscar la ayuda necesaria son dos de los más comunes errores de las parejas. Cuando las bombas devastaban su país, los edificios caían, los puentes se rompían y otros alzaban sus voces gritando: "Rendición, rendición", el primer ministro Winston Churchill proclamaba su ya conocida filosofía: "Las guerras no se ganan con evacuaciones".

En realidad, si usted planea ganar la batalla, el rendirse no debe ser su opción. Chuck Swindoll, *Strike the Original Match*, (Produciendo la chispa que enciende el fuego) Multnomah Press, Portland, Oregon, 1980, página 31.

Alguien dijo que dos procesos, tales como, el embalsamamiento y el divorcio nunca deben ser comenzados prematuramente. Creo que es una declaración muy cierta. Los cónyuges deben luchar con determinación y lograrán mejores días para su relación matrimonial. Estoy absolutamente convencido de que no hay problema que no pueda ser solucionado con la ayuda de Dios, si dos personas están resueltas a hacer todos los cambios que sean necesarios.

Algunos piensan que con la separación y el divorcio se terminarán sus problemas, pero no es verdad. Decisiones como éstas, no simplifican la vida, la complican; no nos arreglan los problemas, nos crean más conflictos; no nos traen la satisfacción que buscamos, nos hacen sentir más fracasados que realizados.

Es real que un matrimonio cristiano no está libre de problemas y podemos esperar que seguramente vendrán momentos de dolor, rechazo, discusiones, heridas innecesarias; pero para un matrimonio cristiano dispuesto a seguir los principios escriturales, los conflictos tienen solución. Dos personas cristianas deben siempre estar dispuestos a seguir las indicaciones del "fabricante" del matrimonio, del creador de la familia, no importa cuán diferentes éstas sean de nuestra manera de pensar. Si queremos tener éxito, el camino de Dios debe ser nuestro camino.

6

Aprender a vivir con las diferencias: La determinación del amor, la fe y la paciencia

"Toda pareja tiene la posibilidad de vivir en armonía, con tranquilidad y compartiendo libremente, si es que aprenden a manejar sus conflictos y diferencias sabiamente".

David Hormachea

Aprender a vivir con las diferencias: La determinación del amor, la fe y la paciencia

Un examen de la realidad.

De acuerdo a todo lo que he compartido y al darse cuenta de las tristes consecuencias que vivirán aquellos que eligen opciones erróneas, es posible que usted esté preguntándose si existe una mejor. La buena noticia es que sí existe. En efecto, no es algo irreal, pues es la opción que han tomado miles de matrimonios, que como el nuestro, a pesar de las diferencias que tenemos, disfrutamos de una buena relación conyugal.

Puedo decirle que nunca se arrepentirá de la decisión tomada si decide seguir las sugerencias que he decidido compartir, pero para ello, primero debe ser lo suficientemente honesto como para hacer un crudo pero real examen de su realidad.

Creo que podemos aprender a vivir juntos y contentos, aunque seamos diferentes, no importa cuán seria sea la situación en que se encuentran en su vida conyugal siempre y cuando existan dos personas totalmente determinadas a cambiar lo indispensable. Recuerde siempre este principio: "O aprendemos a vivir con nuestras diferencias o terminamos divorciados".

La mayoría de la parejas que sienten que se encuentran en el caos en su relación matrimonial, debido a que no pueden vivir con sus diferencias, viven días y noches de extrema intranquilidad. No es fácil ni sencillo vivir cuando las diferencias se han convertido en constantes enemigas y en una barrera imposible de sortear.

Algunos, por haber tenido expectativas irreales de lo que iba a ser el matrimonio, nunca se imaginaron que encontrarían tan grande decepción. Nunca pensaron que se casarían con alguien tan diferente a ellos, y hoy viven arrepentidos de su elección. Si usted se encuentra allí comprende lo que estoy diciendo.

Por supuesto que todos hemos tenido problemas de ajustes en nuestros matrimonios. ¿No es cierto que cuando tenía problemas en el pasado, nunca pensaba que estos serían tan graves que le instigarían a pensar en el divorcio? ¿No es cierto que los graves problemas parecían patrimonio de otros y los pensamientos de divorcio parecían muy lejanos? ¿No es cierto que es demasiado triste descubrir que uno ha estado equivocado?

Tristemente, esto generalmente lo descubrimos en medio de las crisis porque allí aparece nuestra impotencia, porque es allí que notamos que nos enfrentamos a fuerzas que son más grandes que nosotros.

Vivimos en una crisis cuando notamos que los problemas son más complejos que los que hemos podido solucionar en el pasado. Generalmente estos momentos están acompañados de sentimientos de impotencia, frustración, desesperanza, porque parece que todo el mundo construido en tantos años, definitivamente se viene abajo.

Es allí cuando nos enfrentamos a una nueva crisis, una de esas que son recurrentes y que por momentos nos llevan a pensar que todas las buenas determinaciones pasadas y todas las promesas de cambio de nuestro cónyuge, no fueron sino una vil patraña para seguir manipulando una relación interpersonal que moría.

Todos los que han escuchados declaraciones como éstas, saben que producen una profunda decepción: "Ya no quiero volver a hablar más del asunto", "ya hemos hablado de esto lo suficiente", "no importa lo que prometas, siempre volveremos a lo mismo", "estamos en el mismo lugar en que estábamos seis meses atrás".

Entre muchas otras cosas que he descubierto en la vida matrimonial, algo que me sigue impactando es, que no importa cuántas veces hablemos de un asunto, ese tema nunca estará agotado. Tendremos que volver a él vez tras vez y en algunas oportunidades necesitaremos repetir la conversación, ahora sin haberlo planificado y generalmente en medio de tiempos de crisis.

Un examen de nuestra experiencia.

Creo que nuestra experiencia no ha sido diferente a la suya. En días en que ocurrieron muchos cambios en nuestra familia, mi esposa y yo tuvimos necesidad de volver a conversar sobre temas que ya habíamos hablado muchas veces. Uno de ellos ha sido: ¿Cuál es la cantidad de involucramiento que yo debo tener, para que mi esposa no piense que estoy sobreinvolucrado? Por supuesto, como la mayoría de las parejas llegamos a la conclusión de que en este tema no estamos de acuerdo.

Si usted quiere saber lo que yo he pensado, puedo declarárselo en pocas palabras. He pensado que ella es demasiado posesiva y que mientras más quiero estar con ella, más me demanda. Cuando escuchaba sus comentarios acerca de mi involucramiento, por momentos pensé que nunca alcanzaría su nivel de satisfacción y que no importa lo que yo haga, ella siempre esperará más de lo que estoy otorgando.

Seguramente a usted le interesará también saber qué ha pensado ella. Ella ha pensado que a mí no me es tan agradable pasar tiempo con ella y que muchas veces buscaré cualquier excusa para salir de la casa. Por supuesto que no tengo necesidad de preguntarle si alguna vez usted se ha encontrado pisando este mismo terreno. Si usted es como yo, un hombre emprendedor, que busca lo mejor para su familia, un triunfador en la vida, seguramente se identificará inmediatamente conmigo.

Cuando he escuchado la posición de mi esposa, algunas veces me he preguntado: ¿Qué es lo malo que estoy haciendo? Incluso le he dicho que lo único que intento es hacer algo bueno y que trato de conseguir lo mejor para crear un buen futuro para mi familia. He pensado que todo lo que hago es para ellos, además que definitivamente sí creo que paso suficiente tiempo en la casa, y tengo una buena relación con mi familia.

En mi caso, estas declaraciones han sido verdaderas. Soy una persona que dedica tiempo a su familia, pero he notado que en muchos casos algunos cónyuges sólo ellos piensan que están dedicando tiempo a su familia, pero la realidad es muy diferente.

Tal vez en su caso usted no está dando la suficiente calidad y cantidad de tiempo a sus hijos, ni dedica tiempo personal y agradable a su esposa. Tal vez su realidad es que está demasiado involucrado y está hiriendo a su familia. Tal vez en su caso está dedicando a sus amigos el tiempo que debería dedicar a sus hijos y le cautivan mucho más las tentadoras horas extras de trabajo y el dinero extra que recibe, que su cansada y conversadora esposa. Si usted está haciendo eso, sólo puedo decirle que su actuación es absolutamente errónea y no voy a tocar el tema más profundamente en este momento porque no es mi tema de estudio, pero lo haré en otro libro.

Quisiera preocuparme en estos momentos de aquellos que sí pasamos tiempo con la familia, que sí estamos ayudando en los quehaceres domésticos, aquellos que ayudamos a nuestros hijos en sus tareas en casa y paseamos y jugamos con ellos, pero todavía somos muy diferentes a nuestras esposas.

También existen diferencias entre los cónyuges que de vez en cuando salimos a solas con nuestras esposas y hacemos grandes esfuerzos por mantener excelentes relaciones interpersonales. También tenemos diferencias, aquellos que somos cariñosos, juguetones, activos sexuales, que nos encanta trabajar, ver los deportes en televisión, y que somos exigentes, involucrados, cansados y que por momentos hasta nos sale un poco de lo macho. También tenemos conflictos por nuestras diferencias, aquellos que tenemos esposas dedicadas, amorosas, exigentes, activas, cariñosas, involucradas, cansadas y posesivas.

Si usted es como yo, entonces, tal vez en algún momento ha pensado que no deberíamos tener conflictos solamente porque somos diferentes, pero la realidad es que no estamos exentos de momentos de frustración y recriminación cuando alguno de los cónyuges considera que existe una falta de involucramiento en el hogar, o una falta de adecuada dedicación a la familia. Ninguno de nosotros está exento de reproches por lo que su pareja llama, no dedicar más tiempo al cónyuge o a los hijos.

Quisiera y esperaría que estuviéramos exentos, pero la realidad es otra y mientras más vivo, más me doy cuenta de que toda pareja pasará por temporadas de recriminación mutua por las diferencias que detectan. Esta es una de las razones por las que me puse a pensar: ¿Cuándo y por qué razón o razones vivimos estas temporadas de recriminación mutua, cuando miles de parejas, según yo, envidiarían nuestra relación familiar? He pensado con absoluta seriedad y con un gran deseo de entender mi propia situación: ¿Qué es lo que nos hace sentirnos frustrados, a pesar de estar viviendo en condiciones que para otros es un sueño o un ideal?

Un examen de respuestas comunes.

Como no existe la pareja perfecta, he pensado en buscar algunas respuestas a estas interrogantes. Es un poco complejo tratar de descubrir el por qué nuestras diferencias en vez de ser vistas como elementos necesarios para ayudarnos en nuestras carencias, para complementarnos en lo que nos falta, son vistas como algo amenazante y destructivo. En mi análisis he llegado a algunas conclusiones que anhelo compartir a fin de poder ayudarle. Si usted como yo, se ha preguntado en alguna ocasión, ¿por qué las diferencias con nuestros cónyuges en vez de ser usadas para el beneficio del matrimonio resultan en el perjuicio de la relación conyugal?, entonces, creo que usted está listo para investigar algunas de mis conclusiones.

En los próximos capítulos hablaré de que generalmente las parejas ven sus diferencias como algo amenazante cuando uno o ambos cónyuges tiene demandas y expectativas exageradas. Lo mismo ocurre cuando uno o ambos cónyuges están viviendo una temporada de serio estrés que aumenta considerablemente la sensibilidad, o nos convierte en menos tolerantes. Finalmente las diferencias se convierten en destructivas para la relación matrimonial cuando los cónyuges no tienen la actitud adecuada.

7

Las expectativas, las demandas exageradas y las diferencias

"Las diferencias que existen entre los cónyuges, se ven más grandes y se tornan destructivas, cuando uno o ambos tienen exageradas demandas y exageradas expectativas".

David Hormachea

Las expectativas, las demandas exageradas y las diferencias

Los humanos casi nunca estamos completamente satisfechos. Si usted ha dedicado algún tiempo a observar y escuchar las opiniones de la gente habrá descubierto que hay gordos que quieren se flacos, algunos flacos quieren ser gordos, y algunas personas que tienen pelo liso, lo quieren tener crespo o rizado. La insatisfacción nos motiva a demandar o a buscar algo más.

En toda área de la vida somos así. Generalmente queremos más de lo que tenemos. El caso del dinero tampoco es una excepción, pues generalmente mientras más tenemos, más gastamos y mientras más gastamos, más necesitamos, y mientras más creemos necesitar, más queremos.

Consultado uno de los millonarios de los Estados Unidos acerca de qué se necesita para estar satisfechos, dio una respuesta que confirma lo que intento comunicar. El dijo que para estar satisfechos siempre se necesita un poco más de lo que actualmente tenemos. Los estadounidenses tienen un descriptivo dicho que dice: "los pastos de lejos se ven más verdes". Todos estamos de acuerdo que es real que lo que está a la distancia, lo que no está a nuestro alcance, generalmente parece mejor que lo que tenemos, por eso anhelamos tenerlo, aunque en la realidad no sea algo diferente de lo que ya tenemos, pero de lejos luce diferente.

Muchas veces tenemos algo bueno, pero buscamos aquello que tiene otro, porque a la distancia se ve mejor. Debo advertir que no estoy diciendo que no debemos tener grandes aspiraciones, sino que no es bueno vivir siempre insatisfechos.

Después de vivir en Ecuador nos trasladamos a vivir en California, y por supuesto, tuvimos que vender casi todas nuestras cosas. Entre las cosas que vendimos estuvo un televisor de 27 pulgadas. Mientras vivíamos allá, muchos pensaban que era un televisor gigante, pero al dedicar el tiempo para poder recuperar nuestro televisor en Estados Unidos nos dimos cuenta de que era muy pequeño comparado con los de pantalla gigante que estaban a la venta y después de algunos meses todavía no lo comprábamos.

Si la verdad fuera conocida, nos daríamos cuenta de que generalmente todos esperamos más de nuestros seres queridos, esperamos más de otras personas y rara vez estamos satisfechos de lo que estamos recibiendo en nuestras relaciones interpersonales. Los seres humanos queremos más, esperamos más. Queremos más cosas, esperamos más comprensión, queremos vivir más, generalmente esperamos más de lo que debemos.

He notado que nuestras relaciones interpersonales no están exentas de ser influenciadas por nuestras exageradas demandas. Nunca estamos completamente satisfechos, siempre queremos más y esta es precisamente una de las razones que nos lleva a demandar o a esperar más y sentirnos frustrados cuando no lo conseguimos. ¿Ha notado usted que mientras más esperamos de una persona en nuestras relaciones interpersonales, más grande se ven nuestras diferencias? Por ejemplo, si yo me encuentro en la necesidad de contratar una secretaria y espero que sea completamente bilingüe y descubro que ella tiene problemas con la gramática española, súbitamente una barrera mayor se presentó entre los dos. Por momentos me sentiré decepcionado de su trabajo porque yo esperaba más de lo que ella puede dar.

Todos seguramente hemos vivido aquellos momentos en que por tener exageradas expectativas y haber alcanzado bajos logros sufrimos gran decepción. Creo que todos sabemos que mientras más altas expectativas y mientras menos logros alcanzamos, mayor frustración vamos a experimentar. Permítanme ponerlo en una fórmula matemática que ilustra mejor lo que deseo comunicar:

Altas expectativas - Bajos logros = Mayor nivel de frustración.

Es decir, si yo espero 10 y logro 9, mi nivel de frustración es 1, pero si yo espero 9 y logro 3, mi nivel de frustración se ha elevado a 6. Lo mismo ocurre en las relaciones matrimoniales. A veces los niveles de expectativas son exageradamente altos y aun cuando nuestros logros están dentro del nivel de lo normal, todavía nos llenamos de frustración, la misma que muchas veces se manifiesta en reacciones inadecuadas que amenazan las buenas relaciones interpersonales.

Los patrones de conducta de un individuo, lo que piensa que es correcto o incorrecto, lo que esa persona cree que es bueno o malo, ha sido desarrollado desde la niñez. En algunos casos los padres tuvieron normas tan altas en sus exigencias a los hijos, que estos pensaban que nunca podían agradarles. Esos niños se acostumbraron a que sus padres siempre estaban insatisfechos porque ellos siempre querían algo más de lo que ellos podían ofrecer. Collins, Gary, *Christian Counseling: A Comprehensive Guide.* Word Incorporated, 1980, página 119.

Muchas veces eso es precisamente lo que nosotros los adultos hacemos. No sólo que esperamos demasiado de nuestros hijos, sino que también esperamos demasiado de nuestros cónyuges y debido a eso sufrimos frustraciones. Cuando actuamos de esta manera estamos teniendo exageradas expectativas y estamos demandando demasiado de nuestros seres queridos. La única solución que he encontrado para cambiar los normas irreales y las expectativas exageradas que nos fijamos, es una solución muy obvia. Debemos cambiar nuestros normas y expectativas.

Tienen exageradas expectativas las parejas que piensan que un buen matrimonio es aquel en que los cónyuges siempre están de acuerdo en todo. Quienes así piensan, vivirán desilusionados. De la misma manera es un error pensar que porque yo no logro lo que espero de mis relaciones interpersonales, los demás tienen la culpa. Lo que yo espero puede ser algo irreal y exagerado y al no conseguirlo puedo vivir en constante frustración y reaccionando con enojo o ira.

Algunos estudiosos han concluido que la ira y la agresión se levantan primariamente en respuesta a la frustración. La frustración es un obstáculo, puede ser un evento, una persona, o una barrera física que nos impide lograr las metas que nos hemos propuesto. Tal vez esa es la explicación a aquellos momentos de tanto enojo de algunos cónyuges cuando descubren que su pareja está actuando de forma diferente de lo que esperaba. De esa manera tenemos alguien que ha deseado algo de su cónyuge y por no lograrlo manifiesta su frustración en actos de ira y enojo . Collins, Gary. *Christian Counseling: A Comprehensive Guide*. Word Books, Waco, TX, 1980, página 104.

Una de las cosas que estimo que es absolutamente indispensable realizar, es una honesta y clara evaluación de las expectativas que tenemos y de las demandas que realizamos a nuestros cónyuges.

Hay algunas preguntas que pueden ayudarnos a establecer si nosotros somos unas de aquellas parejas que viven con exageradas demandas y expectativas y que por lo tanto estamos teniendo serios conflictos para aceptar lo diferente que es nuestro cónyuge. Por ejemplo: ¿Realmente estoy siendo justo con la otra persona? ¿Son mis demandas producto de que estoy pensando más en mí, en mis propias necesidades, sin tomar en cuenta la necesidad de mi cónyuge? ¿Estoy listo a hacer todo lo posible para ponerme de acuerdo con mi cónyuge, y buscar juntos lo que sea bueno para los dos y no solamente para uno de nosotros? ¿Hasta qué punto es mi egoísmo el que me mueve a tener grandes demandas en mi relación interpersonal? ¿Hasta qué punto mi exagerado deseo de estar cada vez más con mi cónyuge está siendo perjudicial para su desarrollo personal y como consecuencia estoy perjudicando su avance en la conquista de metas necesarias para el bienestar de la familia? ¿Realmente estoy demandando lo justo, o llegué al momento en que quiero más, porque ya no me satisface lo bueno que estoy recibiendo? ¿Son mis expectativas reales, justas, alcanzables y bíblicas?

Quisiera recordarle que demandar en exceso es como tener excesivas reglas. Pueden ser muy buenas, pero son tan numerosas que no podemos ni siquiera recordarlas todas para poder cumplirlas. Demandar en exceso es lo que hicieron los fariseos en el tiempo de Jesucristo. No todas sus demandas eran malas, y si las estudiamos detenidamente concluiremos que necesariamente no eran perjudiciales para la vida y la salud de los judíos. La mayoría de ellas eran buenas y saludables. Sin embargo, eran demandas excesivas y cuando estas demandas excesivas se realizan en el contexto de la religión, se transforman en legalismos destructivos y cuando ocurren en el contexto del hogar, éstas se convierten en excesos que coartan la necesaria libertad de cada individuo.

Si mientras lee lo que he escrito, usted encuentra que esa es su situación actual, le sugiero que tome todo el tiempo que sea necesario para conversar con su cónyuge sobre el tema. Debo advertirle que generalmente, si la pareja se encuentra en este estado es muy difícil llegar a un acuerdo, se necesita de mucha madurez y comprensión mutua para poder hacerlo.

Todo matrimonio se encontrará en algún momento en estas circunstancias y doy gracias a Dios que en nuestro matrimonio tenemos la libertad de conversar sobre el tema cada vez que es necesario. Para ustedes que honestamente piensan que tratar por sí solos el tema podría ser más perjudicial que saludable, creo que la mejor solución sería tener una plática con un consejero que les ayudará a poner sus respectivas demandas en el equilibrio adecuado.

8

El estrés y las diferencias

*"Es evidente que más grande es nuestra tendencia a
ver las diferencias como algo negativo, mientras más
estresante es la situación que vivimos".*

David Hormachea

El estrés y las diferencias

Pensamos correctamente si decimos que nunca ha existido una sociedad con tantas posibilidades de estresarnos. La forma sencilla de vida ha sido reemplazada por las complicaciones. Existe más movimiento, menos descanso; demasiada televisión, poco sueño; excesivo involucramiento, poco ejercicio físico. Agregue a esto la presión financiera, los ruidos, el materialismo, la drogadicción, la muerte de un ser querido, el temor al cáncer, el sida y la delincuencia, y reste todo lo que estamos perdiendo, reste aquello que antes fue el apoyo de la familia. Reste la desunión familiar, la rebeldía de los hijos, la inmoralidad de los padres, el excesivo involucramiento y multiplíquelo por 365 días del año y descubrirá por qué el estrés es nuestro eterno compañero.

Queridos amigos, hay muchas cosas de qué preocuparse, hay mucho por qué estar ansioso. Si usted es como yo, es posible que una gran úlcera sea su constante recordatorio de que debe reducir el ritmo con que va caminando en la vida. Tendemos a creernos superdotados, superpoderosos. Me causó mucha risa cuando escuché en las noticias que en la tira cómica conocida como *superman*, y que ha permanecido por tantos años como compañera de ávidos lectores apasionados por las aventuras que terminan bien, aun el famoso y "todopoderoso superhombre" iba a morir. Lamentablemente ese puede ser nuestro final si no damos la importancia que tienen la tranquilidad y la paz. Aunque las causas de este levantamiento emocional y físico, de este sentimiento de incapacidad e impotencia para enfrentar las demandas del diario vivir, pueden ser diferentes en cada individuo, y muy distintas que las razones que provocaban las preocupaciones en tiempos antiguos, las consecuencias siguen siendo las mismas.

Es muy divertido leer el relato de Lucas en el capítulo 10. Si alguno me dice que la Biblia no es real y relevante, creo que me darían ganas de sacarme el título de ministro del evangelio y por un momento convertirme en Casius Clay o Mohamed Alí, aquel inolvidable campeón mundial de boxeo de los pesos pesados, pues con un golpe quisiera que cambie de manera de pensar.

La Biblia es relevante, su mensaje es más relevante que el periódico que aparecerá el próximo año querido amigo. Para descubrir su relevancia y aprender excelentes principios, trasladémonos a Betania, pequeño lugar, no como las grandes ciudades de nuestros días.

Allí vivían dos hermanas solteras. María y Marta tuvieron la gran alegría de ser visitadas por Jesucristo. No sabemos si fue una visita inesperada o planificada, pero el relato nos demuestra que la más joven de las dos hermanas no encontró mejor ocasión que esa para disfrutar de la visita del ilustre huésped.

María era una mujer sencilla. Le agradaban las relaciones interpersonales y sabía que esas oportunidades no se daban todos los días y sabiamente pensó que esa era una excelente oportunidad para escuchar al Maestro. María era una mujer que "estaba ocupada con lo interno, más que lo externo". (*All the Women of the Bible*, [Todas las mujeres de la Biblia] Lampplighter Books, Herbert Lockyer, página 104). Marta, su hermana mayor, mujer práctica, hacendosa, detallista, perfeccionista y preocupada de brindar una buena hospitalidad. El versículo 40 dice que "Marta se preocupaba con muchos quehaceres". Sé que tan pronto continúe con el relato, los que se identifican más con María que con Marta estarán listos a apuntar con el dedo a Marta acusándola de ser materialista y no espiritual como su hermana. Pero, haciendo una examen sincero de nuestras vidas, ¿no es cierto que la mayoría de nosotros somos iguales a ella? ¿Esperaría usted que Jesús saliera de su casa sin ser bien atendido? ¿Qué hombre o mujer preocupado por el bienestar de los que ama lo haría? ¿Era malo que Marta se preocupara de atender a su Maestro como El se merecía? De ninguna manera. ¿Qué es lo que Marta estaba haciendo en forma errónea? ¿Qué ocurría con Marta que le llevaba a tener reacciones inadecuadas en medio de circunstancias y tareas tan normales?

Mi observación es que a Marta le ocurría lo que nos ocurre a todos nosotros. Tenía en el momento más demandas, más ocupaciones, más cosas en qué pensar, más cosas que cumplir y menos tiempo para dedicar a cada una de ellas. Marta tenía menos tiempo para las relaciones interpersonales, más confusión, más afán, y más turbación. Bueno, ese es precisamente el diagnóstico que hace el sabio Jesucristo, el Señor y creador de la vida. En su acertado diagnóstico, Jesucristo le dice: "Marta, Marta, afanada y turbada estás con muchas cosas".

Las palabras que Lucas usa son muy descriptivas. (CHUCKS WINDOLL, *Stress Fractures*: Multnomah, Portland, Oregon, 1990. Página 18.) La palabra, afanada, significa estar siendo tirada por distintos lados y hacia diferentes direcciones. La raíz del verbo griego nos da la idea de dividir algo en distintas partes. La palabra "preocupaba", sugiere la idea de un tumulto, algo ruidoso, problemático. Esa era la situación de Marta y ese diagnóstico, aunque antiguo sin dudas presenta una excelente descripción de una persona manejada por el estrés.

Piense por un momento en este diagnóstico divino y notará que eso es precisamente lo que nosotros sentimos cuando nos encontramos sumamente presionados. El señor Charles Hummel comentando este pasaje, dice que Marta permitió una caída y quedó atrapada en la "tiranía de lo urgente", pues para Marta lo urgente reemplazó a lo importante (Charles, E. Hummel, Tiranny of the Urgent [Tiranía de lo urgente] Downers Grove, Ill.:Intervarsity Christian Fellowship, 1967), página 5.

Ninguna persona puede enfrentar con éxito los desafíos de la vida encontrándose en esas circunstancias. Por supuesto, que Marta y María eran diferentes, siempre lo habían sido, pero ahora, por la situación estresante que vivía una de ellas, sus diferencias se convirtieron en una seria amenaza que ponía en peligro las buenas relaciones interpersonales, tal como ponen en peligro la relación conyugal de una pareja que se encuentra en las mismas condiciones.

La tiranía de lo urgente nos mueve a ver más grandes los conflictos cuando por opción u obligación estamos viviendo bajo circunstancias que producen más estrés. Hablo de que a veces por opción estamos en situaciones estresantes porque en determinadas circunstancias somos nosotros mismos los que elegimos un estilo de vida con más responsabilidades que las que estamos capacitados para atender sin perjudicar nuestra salud. Hablo de que en determinados momentos optamos por situaciones que nos producen estrés porque a veces elegimos pecar y luego sufrimos resultados lamentables que nos sumergen en experiencias estresantes. Hablo de que a veces por obligación vivimos temporadas de estrés debido a las experiencias de enfermedad, muerte o determinadas calamidades que nosotros no hemos elegido pero llegan sin consultarnos y nos involucran en experiencias estresantes.

Marta y María estaban teniendo conflictos en su relación interpersonal. Estas dos queridas hermanas se encontraban en problema. Estas dificultades producto de la presión ocurren entre mujeres, entre hermanas, entre cristianas, y con mayor razón ocurre entre una mujer y un hombre que están involucrados en el constante desafío del matrimonio.

En este relato bíblico, Marta culpa a María de no cumplir sus responsabilidades. Con gran determinación Marta le dice a Jesús que su hermana le está dejando todo el trabajo a ella (versículo 40). Marta ve en la actuación de su hermana María un acto de irresponsabilidad y por lo tanto siente la necesidad de recriminar ese comportamiento. Ella decide que ese es un comportamiento erróneo. Con su actuación Marta nos está demostrando que ella en ese momento estaba pensando que si los demás no hacían lo que ella creía que se debía hacer, tenía todo el derecho para culparlos. Ella creía que si los demás no colaboraban para que ella alcanzara las metas que se había autoimpuesto, tenía la libertad de culparlos. Por eso culpa a los demás, en este caso a Jesús y a su hermana María.

Notemos que Marta no sólo produce un conflicto en su relación interpersonal con quien, según ella estaba supuesta a ayudarle, sino que provoca un disgusto e inicia una fricción precisamente con Aquel a quien ella pretende servir y demostrar su aprecio y cariño.

De ninguna manera quisiera que usted concluyera que esa era la conducta acostumbrada de Marta, pero sí creo que es justo concluir que por esa forma de ver la vida en medio de esa circunstancia específica, por la presión que en ese momento sentía por cumplir con las responsabilidades que se había autoimpuesto, Marta estaba reaccionando en forma inadecuada. Ella estaba viendo que aquellas diferencias en su forma de ser entre ella y su hermana, diferencias que siempre habían existido, eran grandes barreras que debían ser drásticamente eliminadas. Marta no demostró comprensión con la opción diferente que había escogido su hermana. ¿No habría sido mucho más fácil y mucho mejor, haber cumplido con excelencia lo que ella sentía que debía hacer y permitir que su hermana tuviera la libertad de hacer lo que ella estimaba conveniente?

Marta reaccionó de manera inadecuada por la presión que estaba sintiendo, por sentirse dividida, por haberse autoimpuesto demasiadas cosas que cumplir. Marta estaba reaccionando como lo hacemos muchas veces nosotros cuando voluntariamente nos metemos en las mismas circunstancias.

¿No se ha encontrado usted alguna vez como yo o como Marta habiéndose planteado excesivas metas? Sin duda usted se ha encontrado por momentos en situaciones en que no tiene opción y es imprescindible tomar un nuevo y gran desafío.

Seguramente se ha encontrado en un momento en que debido a lo grande e importante que ese desafío es, está produciendo una gran cantidad de estrés que si no es adecuadamente manejado le hará ver que las diferencias que tiene con su cónyuge son más grandes que las que está determinado a resistir. ¿No ha llegado en determinados momentos a sentir impotencia ante la imposibilidad de cumplir con sus autoimposiciones? En esos momentos, ¿no ha sentido que llega la frustración, frustración que se traduce en enojo, ira, demandas, y culpas? ¿No ha tenido también reacciones inadecuadas que le llevan a amenazar sus relaciones interpersonales, amenaza que le produce preocupación, preocupación que aumenta el estrés, estrés que produce ausencia de sueño, deseos de llorar, dolores musculares, ansiedad, gastritis, úlceras, enfermedades de los nervios?

Seguramente usted se ha encontrado o se encuentra ahora mismo en momentos en que no puede dormir ni descansar. Momentos en que se siente enfermo y está preocupado por las enfermedades y esto aumenta su estrés y siente que va dando vueltas en un círculo vicioso del cual nadie le puede sacar porque debe salir por su propia determinación o esfuerzo. Círculo del cual debemos salir de la misma forma en que nos metimos, y con la ayuda del único que puede ayudarnos. Debemos salir con la ayuda de Aquel que cuando está junto a nosotros, no hay batalla que no podamos ganar, ni montaña que no podamos subir, ni diferencias que no podamos entender.

Me refiero a ese Ser único que por estar junto a nosotros siempre nos hace estar en la mayoría. Ese Señor que con amor, sabiduría, y ternura, orientó a Marta para que aprendiera a vivir en medio de las tensiones de la vida y con una persona diferente a ella y aun así seguir manteniendo un amor fraternal.

No piense ni por un momento que éste sólo es el caso de Marta, porque en nuestras propias circunstancias, mientras más demandas tenemos, más propensos somos al estrés, y mientras más estresados nos encontramos, más profundos se ven los abismos, más oscuras las noches, más grandes las montañas y más destructivas las diferencias.

Es cierto que en un mundo tan competitivo como en el que vivimos, existen momentos en que es necesario asumir mayores responsabilidades, y junto con ellas aparecerán situaciones más estresantes, pero también es nuestra responsabilidad aprender a manejar el estrés e impedir que éste nos maneje a nosotros.

He notado que frente a las mayores responsabilidades adquiridas y la consecuente preocupación que de éstas se derivan, tenemos la tendencia a ver los conflictos mucho más grandes. En estas circunstancias para poder manejar la situación con sabiduría, debemos conversar con absoluta honestidad acerca de nuestros sentimientos y emociones. Eso es precisamente lo que nos ha tocado hacer a nosotros cuando hemos vivido situaciones como estas.

Como matrimonio, hemos vivido temporadas en que mi gran involucramiento nos ha producido un alto nivel de estrés y por lo tanto, ha sido más difícil vivir con nuestras diferencias. Aun en algunas ocasiones mi involucramiento exagerado puso en peligro la armonía conyugal.

Hace algún tiempo atrás volvimos a vivir una de estas experiencias. Esta vez, mi esposa estaba involucrada en actividades que no eran comunes para ella. Ella iniciaba un proceso de involucramiento que demandaba mucho más energía. Su nivel de estrés, por lo tanto, estaba muy elevado y le había llevado tal como a mí en ciertas ocasiones, a ver nuestras diferencias mucho más grandes que lo que realmente son.

Por muchos años mi esposa estuvo absolutamente amarrada a la casa. Cumplió con dedicación, esmero y amor la increíble y agotadora tarea de criar a nuestros hijos. Con ternura realizó todas las tareas que una dedicada madre debe realizar. Fue una esclava de la casa. Lo digo con sinceridad, no podía el Señor haberme dado una mejor madre para los hijos que tanto amo. Criar a cuatro varones que hoy tienen 18, 17, 11 y 10 años, no ha sido para ella una tarea sencilla, a pesar de su profundo amor por ellos. Es que el amor no evita el sacrificio, y el sacrificio no es sinónimo de pasar el día en un parque de diversiones. El sacrificio que demanda el trabajo diario en los quehaceres del hogar y el lidiar minuto a minuto con niños no es suave. Es un sacrificio, es una tarea dura, nos agota, drena nuestras energías, y nos deja marcas que nos acompañarán toda la vida.

En todos los años que ella dedicó su vida al hogar y a los niños, también renunció a muchas cosas que legítimamente le pertenecían y no tuvo tiempo para alcanzar sus propias metas. Pasaron muchos años, tenemos hijos que ya son jóvenes y durante todos esos años mi esposa ha dado una extraordinaria muestra de amor y de renuncia a hermosas metas, por dedicarse a lo que ella ha considerado de suprema importancia y como lo más grande en este mundo después de su relación con el Señor, su familia.

Fueron años de renuncia de sus metas y entrega a la metas de sus hijos. Quisiera que agregue a eso, los años que ella se ha sacrificado para permitir que hoy su marido reciba grandes honores por los logros alcanzados. El Señor, la paciencia de mis hijos, y la dedicación de mi esposa a apoyarme en mi vida, con la familia y en mi ministerio me han llevado donde me encuentro. Por supuesto, que también mi amor por el Señor y mi dedicación al ministerio han sido motores importantes, pero cómo puedo olvidar los años de paciencia, dedicación, de encierro y espera que mi esposa ha dedicado para que pueda estudiar y graduarme en el seminario.

Usted ha acertado si piensa que esto nos ha traído alegría y nos ha permitido alcanzar grandes logros como familia, pero se equivoca si piensa que todo ese sacrificio no ha dejado algunas frustraciones, sueños destruidos, y metas no alcanzadas en la vida de una mujer que lo que hace lo hace bien, pero que no ha podido lograr otras metas personales porque su dedicación a su más grande prioridad, su familia, le impidió lograr.

Por supuesto que existe inmensa alegría criar y ver a sus hijos que crecen sanos, y amorosos de su familia, pero esto no significa que no exista algo de frustración al ver que el tiempo ha pasado, que no regresa y que si no se toman las medidas necesarias se pueden destruir muchas cosas que han costado años de sacrificio construir.

Por supuesto que es hermoso ver a su querido esposo alcanzar posiciones de privilegio, es estimulante ser reconocida como la artífice de esos logros, es hermoso que muchas veces cuando ella me acompaña a las conferencias o cuando voy solo, le den un costoso regalo en gratitud por haber compartido por una semana a su esposo para que cientos de matrimonios encuentren esperanza para su sufrimiento.

Es lindo ser la esposa, dormir, abrazar, pasear, criar a los hijos junto al hombre que ama, que comete errores y grandes errores, pero que lucha por arreglarlos. Es hermoso ser la esposa de un hombre que lucha constantemente por practicar lo que predica y que es admirado por la gente. Pero de la misma manera que el presente es bueno por las buenas elecciones del pasado, el futuro será bueno por las buenas elecciones del presente.

Es necesario no sólo vivir de las glorias presentes, sino es necesario ser prácticos y pensar con anticipación en el futuro. Es necesario que aquellos que fuimos ayudados por una mujer amorosa, pensemos amorosamente cómo ayudarla en esta nueva etapa de su vida.

Muchas veces los padres de familia pensamos que nosotros estaremos toda la vida al lado de nuestro cónyuge y de nuestros hijos y no prevenimos una súbita partida. Sin embargo, cuando llegamos a la mediana edad ese es un pensamiento que se hace presente, sobre todo si su esposa no ha podido practicar su profesión u obtener alguna por haberse dedicado con entrega a criar a su familia y a las duras labores del hogar.

Es un error pensar que aquellos que sostenemos el hogar estaremos siempre para hacerlo. He conocido cientos de mujeres que han tenido un magnífico matrimonio, que no han necesitado trabajar, que han dedicado su vida al hogar y que por lo tanto no han creído necesario prepararse, pero que han tenido que llevar primero a sus maridos a la tumba, quedando en un gran desamparo.

En estos últimos tiempos hemos sido motivados a pensar en el futuro. En el futuro del hogar y en la realización de una mujer que merece alcanzar metas que existen en lo más profundo de su corazón. Queremos mirar con sabiduría al futuro pues qué ocurriría si aquel dedicado hombre, con todos sus logros, súbitamente llega a ser llamado por Dios para abandonar este mundo a una temprana edad.

Viene a mi mente la experiencia de mi padre quien fue llamado a la presencia del Señor cuando era un hombre admirado, amado, respetado, cuando era un pastor por excelencia, con voz, sentimientos, corazón y aun sueldo de pastor. Qué tal si mi esposa queda como quedó mi madre, sin protección económica, sin un salario pastoral que pueda suplir todas sus necesidades después de haber cumplido junto a él un ministerio de toda la vida.

Sin duda para ella la vida sería mucho más difícil. Tendría que sostener a sus cuatro hijos y sin duda lucharía por hacerlo de la forma digna que lo ha hecho su padre. Si ella quedara desamparada, ¿cómo se justificaría el actuar sin planificación cuando tenemos todo el tiempo para poder hacerlo? No es su preocupación una preocupación digna, lógica, y que necesita ser entendida.

Si la esposa de un hombre comienza a buscar logros cuando su marido disfruta de los logros alcanzados en parte por el gran sacrificio de su cónyuge, ¿no necesita aquella mujer ser comprendida? ¿No es normal que se sienta tensionada y cansada cuando no tiene las mismas energías que acostumbraba tener porque ha dejado gran parte de ellas en sus esfuerzos pasados? ¿No es natural que se sienta cansada y tensionada cuando hay menos capacidad porque los años no han pasado en vano? ¿No es lógico esperar que la preocupación la inunde? ¿No es natural esperar que se sienta afanada y turbada cuando ve que las "Marías" de su hogar, sus hijos y su esposo, tienen otras prioridades, y son y hacen las cosas de tan diferente manera?

Lo que quiero que mantenga en mente es que es absolutamente verdadero que en tiempos de mayor estrés y mayor
carga emocional las diferencias se ven mayores. Eso es lo que
nos ha tocado vivir a nosotros como matrimonio. Podría ser
fatal para un matrimonio cuando no existe la debida comprensión y cuando no existe la disposición del uno de ayudar a
llevar las cargas del otro. En nuestra situación la mucha
tensión que recaía sobre mi esposa le hizo ver más grandes
las diferencias, pero necesitaba de alguien que le ayudara a
facilitarle un poco la vida. Esto es exactamente lo mismo que
yo he sentido en mis tiempos de estrés.

Debido a la decisión de cambiar nuestro lugar de residencia
de un país a otro, existieron muchos cambios en nuestro
hogar. Era lógico que mi esposa estuviera afanada y turbada
porque la casa no tenía el aspecto de antes, cuando ella tenía
el tiempo y las energías para mantenerla como árbol de
Navidad. Es lógico que se sienta cansada después de haber
perdido a nuestra empleada, aunque mejor debería llamarle,
nuestra hija, que nos amó y sirvió, con cariño y dedicación.
Es justo que extrañemos a una chica a quien llevamos a los
pies de Jesucristo y pasó cinco años de su vida con nosotros,
persona que se convirtió en parte de nuestra familia y en quien
mi esposa invirtió una gran parte de su tiempo. Lamentablemente tuvo que quedarse en Quito sin poder venir con nosotros y seguir siendo la necesaria ayuda para nuestro hogar.
¿No es justo que mi esposa se sienta cansada y dolorida, si el
Señor le ha dejado un aguijón en su columna que le impide
cumplir determinados quehaceres sin sufrir dolor?

En estos días, más que nunca, he aprendido a admirar a una
mujer que amo y que estoy dispuesto a apoyar aun a costa de
renunciar a algunas de mis más grandes metas. Creo que es su
tiempo y así como ella nos apoyó a nosotros, es tiempo que
nosotros, los beneficiados de su sacrificio, le apoyemos a ella en
sus grandes y justos propósitos, porque capacidad, determinación y constancia no le faltan a pesar de la falta de energía.

Desconozco cuál es la situación de usted y su familia; pero
si existen coincidencias, me encantaría que usted se una a mis

propósitos y determine ser uno de aquellos hombres cristianos que despreciamos el machismo y sus distintas manifestaciones y que no sólo disfrutamos de los sacrificios de nuestras esposas, sino que también estamos listos a sacrificarnos por ellas. Sea usted uno de aquellos que hemos decidido proveer mucho más que sólo el sustento económico de nuestra familia, sea uno de ellos que ha decidido amar integralmente a su esposa y que está listo a realizar cualquier sacrificio personal por contribuir a su desarrollo como mujer.

Si usted es uno de los que está satisfecho con otorgar solamente el apoyo económico, sin otorgar un apoyo integral, usted está limitando su amor a una obligación y le suplico que transcienda esos límites. Sin duda, el solo hecho de trabajar con dedicación es un gran sacrificio que incluye grandes demandas, pero hay mucho más que podemos ofrecer a quienes amamos.

Cuando una familia vive nuevas experiencias producto de cambios que se realizan, el estrés será un constante compañero. Estas situaciones estresantes nos predisponen para que seamos mucho más sensibles. Las cosas nos afectan mucho más que en situaciones normales, nuestras esposas y nosotros estamos mucho más irritables que lo normal y por supuesto, las diferencias se ven mucho más grande que lo que realmente son. Es por eso que necesitamos ayudarnos mutuamente.

Hay momentos en que la angustia, la depresión que sentimos nos lleva a anhelar y buscar fervientemente la compañía de la persona que amamos y hay momentos en que nos impele a estar solos y nos molestan cosas que antes fueron deseadas por nosotros.

Una de la experiencias de mi propia vida que confirma lo que digo, ocurrió en mis últimos meses de estudios en la universidad, en California. Estaba al final de tres años de duro sacrificio. Estaba aprendiendo un nuevo idioma, estudiando a tiempo completo y trabajando a tiempo completo y en una profesión tan deprimente como es la consejería pastoral.

Como estudiante vivía serias presiones económicas, una crisis de salud me llevó a tener una cirugía al descubrirse que tenía cálculos renales. Producto de todas las presiones que me rodearon tuve mi primera gran experiencia con el estrés. Fui manejado a su antojo pues no tenía mayor conocimiento de él.

Me sentía enfermo, pasé por todos los exámenes necesarios, pero los médicos no encontraban nada. Mis nervios estaban destruidos. Me sentí afectado emocional, física y espiritualmente. Sentía que la muerte se acercaba y me llenaba de angustia pues dejaría a mis hijos y esposa en medio de un mundo de necesidades y deudas producto de la enfermedad.

En esas circunstancias todo lo que deseaba era estar con mi esposa. No quería que ella se separara de mí, ni siquiera para ir a la cocina a buscar algo. Lo contrario sentía en mi relación con mis hijos. Las risas, los juegos, sus conversaciones que antes disfruté, me molestaban y deseaba salir huyendo. Me preguntaba, ¿qué me pasa?, yo amo a mis hijos pero ahora no los soporto. Sentía dolor y temor. Me preguntaba si estaba perdiendo la razón. Lloraba sin sentido, no podía dormir y los temores me invadían. Sentía como si hubieran puesto una lupa en frente de mis ojos. Todo lo veía más grande. Era como si mi piel hubiera sido quemada pues estaba muy delicado, frágil, sensible y emotivo. El diagnóstico era una muy sencillo para el médico cubano que me atendió. El me dijo: "Chico, estás bajo un serio estrés. Tienes que dejar tu ministerio o vas a perder tu vida y lo único que dejarás y los únicos que se acordaran de ti serán tu viuda y tus cuatro hijos". Esas palabras me despertaron a una gran realidad. Estaba dando mi vida por mi ministerio y mi deseo de conseguir grandes metas, pero estaba olvidándome del descanso y de mi familia. De allí en adelante mi vida cambió.

Todo hombre o mujer puede pasar por estas experiencias y salir de ellas con éxito. Es cierto que frente a las demandas nos abruma el estrés y la ansiedad, es cierto que la responsabilidad primaria de nuestras esposas es aprender a manejar el estrés, pero también es muy cierto que podemos evitar ser la causa de mayor estrés, y podemos ayudar a evitar otras causas si tomamos el liderazgo adecuado en nuestros hogares y si apoyamos a quienes nos han apoyado para que ahora ellas logren sus metas personales. Para ello deben recibir todo el apoyo y mucho más del que nos brindaron a nosotros cuando fue necesario.

La verdad es que no siempre sentimos que debemos hacer esto, pero nuestras acciones no deben depender de las emociones. Hacer o no hacer algo no debe ser la consecuencia de una emoción sino el resultado de una decisión, el producto de una firme determinación. Para esto una palabra es imprescindible. Es la palabra compromiso. Para poder realizar esto se necesita estar comprometido, pues sólo así podemos ayudar a pasar las tormentas de la vida.

He descubierto que los ataques de las tensiones de este mundo se ven más grandes y abrumadoras que lo que realmente son, en los momentos en que somos más vulnerables, y ciertamente hay etapas en la vida del hombre y la mujer en que somos más vulnerables. Me encantó lo que escribió un médico cirujano sobre sus pacientes. (Doctor James Dobson. *Amor para toda la vida*. Editorial Betania, Minneapolis, MN. página 54.)

Escribiendo acerca de determinadas experiencias que en algún momento rodearán nuestra existencia comparte palabras muy sabias. Su conclusión es que cuando somos jóvenes parece que estamos protegidos, resguardados del dolor y del daño que pueden producir estas experiencias de la misma manera que nuestro cuerpo está protegido contra las infecciones que nos pueden causar las distintas bacterias. El mecanismo de defensa de nuestro cuerpo nos protege de los organismos microscópicos que nos rodean y que están listos a atacarnos.

Sin embargo, cuando somos jóvenes existe mayor energía y mayor capacidad de resistir esos ataques. Cuando muchacho, uno comete imprudencias que si las cometiera cuando tiene 50 ó 60 años las consecuencias serían desastrosas. Hoy no puedo hacer cosas que antes hacía. Hoy necesito tener mucho más cuidado y prevenir más cosas que antes. Cuando muchacho fui un trabajador incansable. Recuerdo que mi primer estado de agotamiento emocional lo sufrí a los 19 años cuando todavía ni conocía la palabra estrés. Sin embargo, también recuerdo que resistí un ritmo de trabajo tan presionante que si intentara mantenerlo a mis cuarenta años de edad, seguramente pronto estaría en la tumba.

Es posible que en los años saludables de la juventud ni siquiera nos dimos cuenta de los terribles peligros que nos rodeaban. Pero, un día, sin previo aviso ese campo de fuerza que nos protegía, dejó de ser tan efectivo y determinados organismos extraños nos invadieron. Si usted es como yo, recordará ciertos años en que las desgracias, las tragedias, las enfermedades parecía que ocurrían sólo en otras personas.

Por momentos pensé que todos podían morir y que podía ir a muchos funerales junto a mi padre como ministro del evangelio. No pasaba por mi mente la posibilidad de que esas aflicciones un día empezarían también a invadir mi propia vida o que en algún momento tocarían nuestra familia. Hasta que el 17 de agosto de 1973 fallecía mi querido y ejemplar padre.

La ruptura de ese campo de fuerza que me protegía me permitió sentir lo que antes parecía que era patrimonio de otros. Eso comienza a ocurrir precisamente en los momentos en que llegamos a la media vida, cuando no somos ni ancianos que reconocemos nuestras limitaciones, ni jóvenes que parecen que no tienen límites en su fortaleza. Es en el momento en que nuestra mente está más preparada que nunca para alcanzar los más altos logros; pero cuando nuestros cuerpos no tienen la suficiente energía para lograrlos. Es en aquellos tiempos en que aumentan nuestras tensiones y somos más vulnerables que nunca. Es allí cuando necesitamos apoyarnos los unos a los otros, es allí cuando nos necesitamos, es allí cuando se hacen realidad las palabras que dicen: "La unión hace la fuerza".

Si hacemos un resumen de lo que he compartido con ustedes hasta este momento debemos recordar que los matrimonios que tienen un profundo compromiso y que tienen una relación ejemplar, también pueden pasar por momentos en que la más grande batalla que encuentran en su relación conyugal es lo diferente que son.

Las diferencias se convierten en una seria amenaza, cuando sin darnos cuentas, hemos fijado elevadas expectativas y estamos demandando más de los límites normales. En segundo lugar, las necesarias diferencias se convierten en serias amenazas que nos causan dolor y preocupación en aquellas temporadas de estrés que en cualquier momento pueden afectar a toda familia.

9

Las diferencias y la actitud de los cónyuges

"No existen dos personas iguales en este mundo. El problema no está en el hecho que seamos diferentes, sino en la actitud que tenemos frente a lo diferente que somos".

David Hormachea

Las diferencias y la actitud
de los cónyuges

Que los cónyuges tengan una actitud adecuada es imprescindible para aprender a manejar las diferencias. Las diferencias nos provocan serios conflictos cuando tenemos una
actitud equivocada.

Es obvio que las diferencias que tiene una pareja pueden
ser manejadas en forma diferente, todo depende de la opción
que elija cada persona. Ni las diferencias, ni las diferentes
armas que existen, ni los diferentes automóviles que hay son
un problema, el problema está en alguien que los maneja
inadecuadamente. Por ejemplo, el problema no son las armas
sino las manos que las manejan. Un arma peligrosa puede
estar en las manos de un criminal o en las manos de un policía.
La diferencia la hace la persona y no las cosas. La diferencia
la hacen las personas y no las circunstancias.

Quienes se proponen tratar de alcanzar la imposible meta
de cambiar a la otra persona y transformarla a su imagen y
semejanza, no sólo están perdiendo su tiempo y llenándose
de frustración, sino que además están tratando de destruir
aquello que caracteriza a una persona y están oponiéndose al
deseo divino. No es el mandato, ni el deseo de Dios que nos

casemos para que cambiemos y formemos a nuestro cónyuge a nuestra imagen. Dios no le dio un cónyuge para que demuestre, en una tarea de toda la vida, su habilidad para cambiar a los seres humanos.

Como alguien dijo: "Dios no creó a la mujer de los pies para que sea pisoteada, ni de la cabeza del hombre para que ella se enseñoree de él, sino de la costilla para que estén a la misma altura y en las mismas condiciones delante de Dios, aunque con roles diferentes".

Dios le dio una esposa para que sea su ayuda idónea. Dios dijo que no era bueno que el hombre estuviera solo. Podemos desprender de la declaración divina que el hombre no fue diseñado para estar solo. Eso fue lo que Adán sintió cuando su compañía se componía exclusivamente de animales. El se dio cuenta de que necesitaba "ayuda idónea". Estas palabras tienen un profundo significado. Para mí significa una ayuda especialmente diseñada para su necesidad única. "Dios le dio a la mujer todas las cualidades de la vida que le había dado a Adán" Davis, John. *Paradise to Prison: Studies in Genesis*. Baker Book House, Grand Rapids, Michigan, 1975. Página 78. Demostrando así que existe igualdad en el esposo y la esposa, pero a la vez le dio características diferentes y propias a cada uno de ellos para que se complementen el uno al otro.

Dios nos hizo diferentes, todos lo sabemos, pero en la práctica no todos lo aceptamos. Creo que no es nada extraño el hecho de que estas diferencias equipan mejor a un sexo que al otro para determinadas tareas. Creo que también estamos de acuerdo en que las diferencias físicas tienen implicaciones en nuestras relaciones interpersonales. Dos hombres o dos mujeres, o un hombre y una mujer pueden tener una relación interpersonal cercana, pero una amistad romántica es privativa de un solo hombre y una sola mujer. Un hombre viviendo totalmente involucrado con un hombre, o una mujer con otra mujer, no importa cuán comprometidos estén, pervierten el deseo y mandato original de Dios.

Dios nos hizo diferentes y existe algo paradójico en esto, porque aunque las diferencias son indispensables para ayudarnos mutuamente, muchas veces ellas mismas son las que nos separan. Creo que a nadie le gustaría estar casado con alguien igual que uno.

Sabemos que Dios nos hizo diferentes y que estas diferencias tienen implicaciones positivas en nuestras relaciones interpersonales, ¿por qué, entonces, para algunos las diferencias se transforman en terribles barreras y amenazas, y para otros son el complemento de una necesidad? He descubierto que la gran diferencia que existe entre los que son amenazados y los que son bendecidos por las diferencias es la actitud que tienen frente a ellas.

Si concluimos que la diferencia está en la actitud de cada persona, es importante entonces que elijamos la actitud adecuada porque nadie puede hacerlo por nosotros. Debemos recordar que cada persona es responsable de su comportamiento y el comportamiento que tenemos es producto de las elecciones que hacemos.

Me pareció muy importante leer lo que un psiquiatra judío, el doctor Victor Frankl, dice sobre esto. El dice que la persona "no está totalmente condicionada y determinada; determina por sí misma si va a ceder a una determinada condición o si va a enfrentarse a ella". Es lógico concluir entonces que quien vive amenazado por lo diferente que es su cónyuge, vive de esa manera porque ha elegido esa opción. El señor Frankl agrega que "cada ser humano tiene la libertad de cambiar en cualquier momento". Victor, Frankl, *Man's Search for Meaning: An Introduction to Logotherapy.* New York: Pocket Bools, Inc., 1963, páginas 206-207.

No importa el pasado, no importa nuestro trasfondo, todos tenemos la posibilidad de enfrentar aquello que nos afecta y hacer los cambios necesarios. Si bien recuerdo la biografía del doctor Frankl, él estuvo sufriendo los espantos de un campo de concentración nazi y que pese a haber perdido a su familia, todas sus posesiones, su ropa y aun todo su cabello, con convicción declaró que todo puede ser quitado del ser humano, menos la actitud para seguir viviendo. Su determinación y actitud adecuada le llevó a convertirse en el médico del alto mando alemán.

Son precisamente las malas actitudes las que crean conflictos mayores en las relaciones interpersonales y somos nosotros y nadie más que nosotros los responsables de nuestras propias actitudes. Es nuestra actitud la que determina la clase de vida que vivimos. Podemos vivir constantemente amargados por el sufrimiento y las malas experiencias pasadas, podemos ver la vida color de rosa o cubierta de neblina dependiendo de la actitud con la que enfrentamos la vida.

El apóstol Pablo al escribir a los filipenses les exhorta a que tengan la misma actitud que tuvo Jesucristo. No existe otro modelo más digno de ser imitado que el modelo de Jesucristo. No ha existido persona que haya tenido que enfrentar circunstancias más difíciles y que haya tenido que vivir con personas más diferentes que Jesucristo. Cuánta diferencia encontramos entre El y su propia familia, cuántas diferencias encontramos entre Su forma de ver la vida y la que tenían sus discípulos. Cuántas marcadas y radicales diferencias tenía El con los religiosos de su época que intentaban encerrar a Dios en un sistema mecánico de ritos, repeticiones de oraciones prefabricadas, y gran cantidad de legalismos. Sin embargo, esas diferencias entre Jesucristo y los que le rodeaban no fueron un impedimento para mantener buenas relaciones interpersonales.

Si anhelamos vivir la vida con agrado, si anhelamos que nuestra vida conyugal y que el compartir la vida con alguien que es diferente a nosotros tenga una balance positivo, matizado de alegría y comprensión, debemos imitar la actitud de Jesucristo.

En mis años de recorrer distintos lugares y estar en contacto con variedad de personas, me he dado cuenta de que una gran cantidad de personas piensan que la actitud es un sentimiento y muchos de ellos concluyen que morirán como nacieron. Me he dedicado a pensar si esto es real. Si fuera real, estaríamos libres de toda culpa cuando enfrentamos la vida con una mala actitud que nos lleva al constante mal genio, a vivir amargados o enojados. Pero, tengo malas noticias o tal vez buenas noticias para aquellos que piensan así. Todo hombre y mujer puede ser diferente y todos aquellos que conocen a Jesucristo, no sólo pueden, sino que son mandados a vivir como hijos amados de Dios.

Mientras los no creyentes pueden hacer serios cambios en su estilo de vida y ser personas dignas del más alto respeto, nosotros los creyentes somos nacidos de nuevo, somos regenerados, tenemos una nueva vida espiritual y con la ayuda del Espíritu Santo podemos andar en novedad de vida, tal como lo promete el Señor.

A fin de destruir algunos mitos que hemos aprendido a través de los años con respecto a la actitud, quisiera dedicar un poco de tiempo para considerar más profundamente este tema.

VENIMOS AL MUNDO CON UNA ACTITUD PREDETERMINADA O ELEGIMOS LA ACTITUD ADECUADA.

¿Elegimos la actitud que tenemos o estamos determinados a tenerla desde que nacemos? ¿Es verdad lo que algunos profesan que nosotros no podemos hacer nada con nuestras actitudes? ¿Es verdad lo que dicen algunos que si así nacimos, así vamos a morir? ¿Es posible aplicar a las actitudes de una persona el dicho que oía constantemente en Chile y que decía: "El que nace chicharra muere cantando"? ¿Es verdad lo que algunos piensan que no podemos cambiar las malas actitudes que nos han caracterizado por muchos años de nuestra vida? ¿Es racional la declaración que he escuchado de algunos malhumorados maridos que han dicho: "Así nací y así he de morir"? ¿Estamos obligados a seguir pensando toda la vida que por esas diferencias que tenemos nunca lograremos la armonía matrimonial?

Para poder responder todas estas interrogantes creo que es bueno examinar las Escrituras porque la realidad y la Biblia me han enseñado algo muy diferente de lo que piensan quienes declaran que nacemos ya determinados a tener la actitud que tenemos.

ES NUESTRA ACTITUD UNA EMOCION O UNA ELECCION HUMANA.

He llegado a la conclusión de que nuestra actitud es determinada por la opción que elegimos y no por la emoción que tenemos. Es cierto que las emociones y las circunstancias que vivimos tienen una gran influencia en nuestras actitudes.

Hay personas que tienen la tendencia a pensar que porque se sienten mal o porque algo salió mal, tienen la justificación de tener una mala actitud. Pero cuando uno estudia e investiga la vida de las personas tiene que concluir algo diferente. Hay jóvenes y ancianos, pobres y ricos que viven constantemente amargados. He notados que hay hombres y mujeres, sanos y enfermos que viven llenos de ira, enojo y con constante mal genio.

He visto que existen padres, esposas, hijos y madres, solteros y casados que están llenos de rencor, en constante enemistad. Pero de la misma manera he observado que hay jóvenes y ancianos, pobres y ricos, hombres y mujeres, sanos y enfermos que viven con alegría y determinación, que disfrutan de su relación y amistad con otros. La única gran diferencia que he descubierto ha sido la actitud que cada persona tiene y la que ha elegido para enfrentar la vida.

Mientras más leo la Palabra de Dios, más la amo pues está llena de realismo. Examinando la Biblia, no es difícil descubrir una gran verdad que es totalmente contraria a la creencia popular. Si usted estudia la Biblia descubrirá que la actitud no es una emoción que usted no puede manejar, sino una elección que tengo que realizar. Si fuera de otra manera, el apóstol no nos estaría ordenando imitar a Jesucristo. No seríamos exhortados a imitar la actitud de Jesucristo si no tuviésemos la capacidad de decidirlo. Si Dios nos lo pide, si Pablo lo manda, es porque estamos capacitados para elegirlo.

Por otra parte, es cierto que nuestras actitudes están influenciadas por nuestras emociones. Es muy fácil tener una mala actitud cuando por alguna razón estamos inundados de triste-za, angustia y resentimientos. Es muy fácil tener buenas actitudes cuando todo sale bien y la vida va viento en popa. Sin embargo, cada buena y mala actitud que usted tenga es el producto de su propia decisión. Esa disposición de ánimo que usted manifiesta exteriormente debe ser manejada por el individuo y no el individuo manejado por ese estado de ánimo.

LA FELICIDAD DEPENDE DE LA REALIDAD QUE VIVIMOS O DE LA ACTITUD QUE TENEMOS.

La forma en que vemos la vida está determinada por la actitud que elegimos y no por la realidad que vivimos.

Hay muchas otras cosas que uno descubre en las maravi-llosas enseñanzas de la Biblia. No sólo podemos notar que la actitud no es una emoción sino una elección, sino que la forma en que vemos la vida está determinada por la actitud que tenemos. La actitud es como los lentes que nos ponemos. Si utiliza lentes amarillos, amarillo verá. Si usted elige un estilo de vida de mal genio y resentimiento, con ese cristal verá la vida.

Las malas actitudes producen nuevas diferencias o nos hacen ver aumentadas las diferencias ya existentes. Las malas actitudes son perjudiciales para la vida conyugal y los cónyu-ges con malas actitudes verán cualquier diferencia, por pe-queña que ésta sea, como algo amenazante y destructivo para la relación familiar. La realidad en estos casos no es que las diferencias sean destructivas, más bien la mala actitud que elegimos por las diferencias que tenemos es lo que puede destruir un matrimonio.

Hay momentos en que las diferencias están trayendo serias dificultades a los matrimonios y para agravar más la situa-ción, nosotros los hombres tomamos una actitud de terque-dad. Sabemos que somos diferentes, no nos gusta que esto ocurra y por sobre ello determinamos que nada ni nadie nos hará cambiar y que los que deben cambiar son los demás.

Cuando tomamos una actitud errónea no queremos que nadie se atreva a tratar de movernos de nuestra posición. La persona que así actúa está pensando: "Estoy bien así, y así permaneceré. Así soy yo y si me aceptan así, bien, y si no lo lamento".

Lamentablemente y para el detrimento de una sana relación matrimonial, algunos actúan con una gran falta de entendimiento comunicando un absoluto desprecio por los sentimientos de su cónyuge. Lo más lamentable es que algunos se justifican diciendo que así nacieron y que así van a morir y encuentran en su doloroso pasado, la justificación a permanecer enfrentando la vida con actitudes erróneas.

Estas personas generalmente creen que ya están programados para vivir de esa manera, sin pensar que si viven en un ambiente hostil en su hogar, es porque ellos son responsables. Tristemente están viendo la vida nublada y tenebrosa no porque la vida sea necesariamente así, aunque pueden existir circunstancias que así la hagan aparecer, sino que la vida la ven así porque han elegido una actitud errónea.

Pensando en cómo ilustrar claramente esta realidad y buscando principios que nos ayuden a comprender la enseñanza escritural, encontré en las palabras de Salomón, grandes verdades que quiero compartir con ustedes. Estos versículos son impactantes y por momentos duros, pero vaya que son reales y necesarios.

Hablando de aquellos que deciden actuar de una forma terca sin la determinación de hacer esfuerzos por entender a los que le rodean, Salomón dice: "El que carece de entendimiento menosprecia a su prójimo" (Proverbios 11:12). No sólo es personalmente perjudicial el actuar como una persona que no quiere entender razones, sino que es una actitud de desprecio por los sentimientos y anhelos de los que nos rodean.

Otro impactante versículo que encontré al realizar este estudio fue el siguiente: "Todo hombre prudente procede con sabiduría; más el necio (terco, obstinado, llevado de sus propias ideas) manifestará necedad (13:16). He notado que no existe persona con quien es más difícil compartir la vida que las personas llevadas por sus propias ideas. Espero que este siguiente proverbio le invite a reflexionar seriamente, sobre todo a aquellos que por ser muy irascibles, constantemente cometen actos de los cuales se arrepienten en sus tiempos de reflexión. Salomón dice: "El que fácilmente se enoja, hará locuras; y el hombre perverso será aborrecido" (14:17).

Hablando de proverbios impactantes, otro que realmente me impresionó es el siguiente: "El camino del necio es derecho en su opinión, mas el que obedece al consejo es sabio" (12:15). Tal vez este versículo es más impresionante para mí, porque en determinados momentos yo me he encontrado en esas circunstancias.

Es difícil reconocerlo, pero cuando miro hacia atrás, cuando examino la historia de mi vida conyugal, tengo que reconocer que han existido instancias en que mi necedad me ha llevado a pensar que no necesito cambiar y que mis caminos son lo suficientemente derechos que no debo hacer ningún cambio porque si hiciera alguno, dañaría, en vez de ayudar.

Hoy, reconozco que no fue sino mi necio corazón el que por momentos me llevó a elegir una mala actitud. Tristemente esa mala actitud me impedía abrir mis ojos con alegría a los necesarios cambios en la vida de todo individuo. Es duro pero sabio reconocer que en aquellos momentos uno es muy terco como para pensar que nadie es lo suficientemente sabio como para no adquirir más sabiduría y nadie lo suficientemente entendido como para rechazar el consejo, sobre todo cuando éste viene de un cónyuge que le ama y que lo único que está buscando es el bien del ser querido y de la familia.

Hay muchas personas que pueden dar gracias a Dios y a su cónyuge por los cambios ocurridos en sus vidas, pero hay otros que no han cambiado ni piensan cambiar. Existen otros que viven con la errónea actitud de culpar a los demás o las circunstancias por los males que enfrentan.

Mi intención es que todos los que están leyendo hagan un serio examen de su actitud. En algún momento me tocó a mí el turno de hacerlo. He evaluado mi vida conyugal, he descubierto la gran cantidad de errores que he cometido. Algunos de ellos deliberadamente, otros por no tener la instrucción necesaria, porque después de salir de mi país y alejarme de mi padre y pastor, nunca tuve otro matrimonio, ni siquiera un pastor que se me acercara con cariño y genuina preocupación para enseñarme cómo vivir con la actitud adecuada.

Cuando usted lee estas palabras de admisión de mi miopía en las relaciones conyugales es posible que esté pensando que yo intento asumir toda la responsabilidad y con un gran complejo de mártir intento vestirme de culpable y sentado en cenizas lamentar lo que he hecho. De ninguna manera es mi deseo, perezca tal pensamiento. Culparse exclusivamente a sí mismo, nos sumerge en la autocompasión y nos transforma en inútiles, nos amarra, nos esclaviza, nos hace sentirnos impotentes.

Recordemos que no sólo los hombres cometemos errores, también los cometen nuestras esposas. No sólo algunos de nosotros tendemos a tener una actitud de necedad y por momentos actuar como tremendamente machos, impositivos o aun como tiranos. También algunas mujeres tienden a tener una actitud tan errónea que ni ellas mismas se soportan. A veces inician una guerra fría, rechazan discutir el problema, interiorizan el conflicto, acumulan resentimientos, sacan vez tras vez todos los problemas del pasado aun aquellos que uno ha pensado que ya están resueltos.

Hombres y mujeres cometemos errores y ambos debemos aprender a ser sinceros y reconocer nuestra participación solamente con el afán de abandonar esa errónea actitud y comenzar a caminar juntos y en armonía a pesar de las diferencias. Por supuesto que esta es una tarea difícil y que requiere dedicación pues realmente somos diferentes.

Los expertos en comunicación nos dicen que 25.000 palabras es el promedio que una mujer habla durante el día, mientras que un hombre hablará un promedio de 10.000. Si las palabras no son usadas con sabiduría, podemos imaginarnos cuánta presión se puede recibir por medio de ellas. A veces las mujeres se convierten en personas muy rencillosas, difíciles de agradar y demasiado exigentes.

De la misma manera que investigué lo que la Palabra de Dios enseña sobre la terquedad de algunos hombres, también investigué lo que Salomón dice sobre la errónea actitud de la mujer en los conflictos matrimoniales. Produce un poco de risa investigar lo que nos dicen los proverbios sobre este tema, pero a la vez no tiene nada de divertido convivir con alguien que encaje en estas descripciones.

De la misma manera que observamos versículos que hablan de la actitud inadecuada de los hombres, también existen algunos de ellos que tratan sobre la actitud inadecuada de las mujeres. Examinemos algunos proverbios que verdaderamente son impactantes. Por ejemplo, Proverbios 21:19 nos advierte que "Mejor es morar en tierra desierta, que con la mujer rencillosa e iracunda". Es difícil convivir con personas con mal genio pues la mayoría de las conversaciones se convierten en una riña.

Qué tal le suena la siguiente advertencia: "Mejor es estar en un rincón del terrado, que con mujer rencillosa en casa espaciosa" (25:24). En muchas sesiones de consejería he descubierto mujeres como estas. He llegado a la conclusión, en muchos de estos casos, que estas mujeres en vez de acercar, alejan a sus esposos. He atendido a muchas parejas en que las mujeres pueden ser descritas como exageradas y rencillosas y la mayoría de los hombres eran muy calmados en su forma de proceder, aunque algunos mostraban indolencia.

No es fácil para un hombre, después de notar la delicadeza con que le tratan otras mujeres en su trabajo, tratar de soportar a su mujer que no para de hablar o que la mayoría de sus órdenes, demandas y quejas son realizadas a gritos y con sabor a rencilla. Salomón dice: "Gotera continua en tiempos de lluvia y la mujer rencillosa, son semejantes; pretender contenerla es como refrenar el viento, o sujetar el aceite en la mano derecha". (27:15-16).

Por supuesto, no es nada fácil vivir en esas condiciones. Tan reprochable es el hombre necio, terco, y obstinado, como la mujer rencillosa, gritona y de mal genio. Personas como éstas tristemente producen un ambiente inadecuado para vivir en armonía.

Es cierto que muchas de estas actitudes han sido formadas a través de los años, pero no es cierto que sea imposible cambiarlas. Tampoco pretendo que comience a partir de este momento a culparse a sí mismo y vivir con la compasión como constante compañera. La autocompasión destruye, mejor dicho aniquila.

No existen personas más desventuradas en este mundo que aquellas que viven pensado: "Yo no sirvo para nada, nadie me quiere, nadie me ayuda. Yo sólo vivo con mala suerte. Así nací y así he de morir". Estas y muchas otras declaraciones pertenecen al vocabulario de aquellos que han determinado que no existe nada más en la vida para ellos, que están decepcionados de la vida. Cuán equivocados están los que así piensan. No existe pensamiento más erróneo que ese. Usted está viendo la vida de esa manera, usted ve la vida de ese color, porque ese es el color de los lentes que ha elegido.

La forma en que ve la vida no depende de su pasado exclusivamente, no depende de las circunstancias, no depende de las personas, la forma en que usted está viendo la vida depende de la actitud que ha elegido. ¿Cómo puede explicar que existan personas que han tenido un pasado mucho peor que el suyo, cuyas circunstancias actuales son más destructivas que las que usted vive, pero que a pesar de ello, a usted le encanta compartir aunque sea un momento con ellos? El factor determinante no es otro que la actitud. Sumergirse en la autocompasión, vivir en un constante velorio de su propia vida, arrinconarse a lamer sus heridas, encerrarse en su mundo de soledad, es morir en vida y no existe persona que pueda ayudarle, porque todo depende de usted. Dios está a su alcance, su Palabra tiene los mejores consejos, hay miembros de esta familia cristiana que están listos a ayudarle, pero todos esos recursos son anulados solamente por su decisión de mantener la misma actitud.

Es imprescindible que quien planea realizar un cambio radical que es fundamental para la buena relación conyugal, determine realizar un cambio en su actitud. Todo cambio debe comenzar con nosotros mismos. Todos los que esperan que cambien primero los que le rodean, nunca experimentan cambios.

Nuestras actitudes son importantes, aun más importantes que nuestras acciones, porque buenas actitudes generan buenas acciones. Me encanta la carta de Pablo a los creyentes de Filipo porque me ha enseñado que yo puedo elegir una nueva actitud y esta nueva actitud me ayudará a ver la vida con los ojos de Dios y de mantener buenas relaciones interpersonales con los que me rodean no importa cuán diferentes estos sean.

En Filipenses 2:2, dos veces Pablo exhorta a los filipenses a que sientan lo mismo y en el versículo 5 que pide que tengan en ellos el "sentir que hubo en Cristo". Muchos de los comentaristas creen que en los primeros 11 versículos, Pablo intenta tratar con una fricción que se había manifestado en esa congregación. El consejo apostólico es que aprendan a vivir una vida de sumisión y servicio mutuo. *Turning Toward Joy,* David Jeremiah. Página 62, Victor Brooks, 1992 Wheaton, IL.

Una gran importancia en la vida matrimonial tienen estos dos valores. No aprenderemos a vivir con nuestras diferencias mientras no tengamos una buena actitud. La recomendación de Pablo es imitar el ejemplo de Jesucristo quien voluntariamente decidió someterse a la voluntad de su Padre y tener una actitud de siervo. Esa es la actitud que debe caracterizar a todo cristiano.

Es posible que a estas alturas y después de reconocer que no existe nada provechoso en culparse exclusivamente a sí mismo, usted estará pensando que debemos buscar a otros a quiénes culpar. En la realidad hay algunas personas que deciden culpar a otros de sus conflictos y de la mala actitud que tienen en la vida. Algunos inconscientemente, otros por darse cuenta de que la autocompasión no es de ninguna manera la solución, deciden irse a otro extremo muy peligroso. En vez de culparse a sí mismo para no sentir la autocompasión que les limita, deciden culpar de todos los males a la esposa con quien comparten su vida. Algunos al descubrir que sus esposas están fallando y porque debido a la cercanía que tienen a ella tienen la oportunidad de ser testigos de sus defectos y errores, tienden a culparla de toda su desventura.

Tendemos a culparlas por que tienen una constante insatisfacción y aunque es posible que algo de eso exista, el convivir culpándose mutuamente de ninguna manera ayudará a encontrar la solución que es necesaria.

Tendemos a culpar a nuestro cónyuge de querer siempre más cercanía en las relación matrimonial de la que estamos ofreciendo y nunca están satisfechas. La culpamos que al querer más cercanía hasta nos sentimos ahogados por las excesivas demandas que nos oprimen. El sentirnos así, lamentablemente nos lleva a aumentar nuestras diferencias o a profundizar las que ya tenemos.

Es indiscutible que la mujer tiende a presentir cuándo se acercan los problemas. En mi experiencia como consejero, me he dado cuenta de que ellas son las primeras que se dan cuenta cuando la relación familiar no está funcionando. Sus profundos vínculos emocionales y su gran percepción les hace notar cosas que para nosotros los hombres pasan desapercibidas. ¿Quién de nosotros no se ha sentido sorprendido de esa extraordinaria habilidad de nuestras esposas y quién de nosotros en más de alguna oportunidad no ha sentido que ha sido descubierto cuando sus intenciones no eran las mejores?

Por supuesto, sería infantil e inadecuado pensar que ellas siempre tienen la razón, aunque algunas de ellas así a veces lo creen. Tampoco nosotros siempre la tenemos. Unas veces uno está equivocado y otras veces nuestro cónyuge. Esa forma diferente de ver la vida nos evita peligros y errores porque podemos tener diferentes perspectivas de una misma situación. En esos momentos es necesario que recordemos que Dios nos hizo diferentes. No somos iguales a nuestras esposas. Dios las hizo diferentes, ellas no lo eligieron. Ellas son mucho más emocionales que nosotros y se apegan más a las personas y las cosas. Por supuesto, que la mayoría de ellas no están planificando hacernos daño, pero muchas veces sus inadecuadas actitudes les llevan a acciones que son dañinas. Ellas no siempre quieren herirnos, pero hay momentos en que nos hieren.

Ocurre constantemente que frente a las demandas de la vida, frente al estrés destructivo, todo su mundo emocional se transforma y comienzan a demandar más de nosotros. He descubierto que aunque hayan existido manifestaciones negativas, esta necesidad no es sino el deseo de protección, porque en aquellos momentos nos necesitan más.

He notado tanto en mi matrimonio como en los casos de consejería con parejas, que las esposas generalmente en su desesperación quieren agarrarse con manos y uñas, sin darse cuenta de que en su intento de acercamiento exagerado, en su necesidad de una mayor cercanía, producto del temor en que se encuentran, nos lastiman y nos hieren.

Sin embargo, tampoco es saludable para la relación matrimonial solamente culparlas a ellas de su intento de excesiva cercanía. Es bueno también reconocer que generalmente nosotros anhelamos estar un poquito más alejados. Es necesario reconocer nuestros intentos de excesiva independencia. Es cierto que ellas paulatinamente van acercándose más y más y siempre desean más y más, pero también es cierto que nosotros, si nuestra esposa no dice nada, poco a poco nos vamos alejando más y más porque queremos más y más independencia. No es bueno solamente culparlas a ellas porque cuando culpamos a otros, rompemos nuestras buenas relaciones interpersonales, relaciones que son el único sustento que el hombre tiene en este mundo, fuera de su relación con Dios.

Cuando rompemos nuestra relación familiar, todo nuestro mundo tambalea, no importa cuán poderosos seamos económicamente ni que buena salud poseamos. Podría escribir páginas y páginas de testimonios de hombres que en su desesperación me han buscado para recibir ayuda. Hombres pobres y ricos. Hombres que por ser tan pobres lo único que les trae alegría en este mundo es su familia, y están desesperados cuando su única fuente de realización se destruye. Hombres ricos, hombres que tienen todo lo que nosotros anhelamos tener, hombres que han dado todo a sus esposas: sacrificio, dinero, y muchas cosas más, pero se han olvidado que su cónyuge y sus hijos no sólo querían las cosas que proveía ese hombre, sino que también querían al hombre que proveía las cosas. Hombres que han ofrecido todo lo que tienen por recuperar su familia porque perder aquella fuente de cariño y aprecio, perder el único lugar en el mundo en que existe el compromiso de hacer las cosas por amor, perder la única relación interpersonal más cercana entre los humanos, no es juego, no es cosa sencilla y no es algo de lo que podemos alejarnos sin tener serias consecuencias.

Es muy importante que aprendamos que aunque debemos tomar nuestra responsabilidad, no debemos culparnos exclusivamente a nosotros mismos. Tampoco debemos culpar exclusivamente a nuestros seres queridos, aunque por cierto tendrán algo de culpa en los conflictos. Debemos recordar que la Biblia enseña que la culpa que Dios permite en nuestros corazones no tiene la finalidad de amargarnos y destruirnos toda la vida, sino que ella cumple su objetivo cuando nos lleva al arrepentimiento.

He notado que lamentablemente algunas personas cometen otro serio error cuando creen que ellos no eligieron las malas actitudes que tienen. Quienes piensan así no se culpan ni a sí mismo ni a los demás, pero consciente o inconscientemente comienzan a apuntar con un dedo acusador a Dios. Al rechazar las dos opciones anteriores algunos directa o indirectamente, consciente o inconscientemente culpan a Dios de sus conflictos.

En la mente de algunos el culpable de la desdicha familiar es Dios por no darle el cónyuge adecuado o por haberlo creado con aquella mala actitud. No existe actitud más errónea que esa, porque querer rechazar con nuestra rebeldía, a la única fuente de poder sobrenatural que nos puede ayudar cuando el camino se torna difícil en nuestra relación familiar, es un grave error. Tratar de culpar a Dios podría ser comparado a la tonta acción que realizaría el conductor de un automóvil si decidiera botar el motor de su automóvil porque este no funciona, a pesar de que la razón por la cuál éste se ha detenido es que él mismo no tomó las precauciones necesarias y no puso suficiente combustible. Despreciar a Dios, que es el motor de la vida del hombre, porque nosotros no hemos tomado las precauciones indispensables para que la relación matrimonial funcione adecuadamente, despreciar a Dios cuando nosotros somos los que estamos rechazando seguir sus enseñanzas y principios para la vida matrimonial, no sólo es ridículo, sino también perjudicial para nosotros mismos.

Definitivamente creo que no existe una actitud más sabia que la de hacer una seria evaluación de la situación de su propio hogar. Sin duda ambos cónyuges tienen culpa en esta batalla que se lleva a cabo por la forma diferente en que piensan. Hay muchos enemigos externos que intentan destruir nuestros hogares como para permitir que tengamos una total división interna sólo porque no podemos ponernos de acuerdo sobre cuál es la estrategia que vamos a seguir, porque ambos pensamos de una manera diferente.

Permitir que los enemigos nos destruyan porque no podemos encontrar una estrategia común es triste y lamentable. Sócrates alguna vez dijo que una vida que se vive sin evaluarse es una vida indigna de vivirse. No es momento de culpar a otros, a nosotros mismos o a Dios, pero es el momento de aceptar la culpa que el Espíritu Santo pone en nuestros corazones, solamente para que nos lleve al punto de arrepentirnos y hacer todos los cambios que sean necesarios a fin de aprender a vivir con una actitud de sumisión y servicio mutuo, a pesar de lo diferente que somos.

Es mi costumbre en cada uno de mis sermones o conferencias compartir algunas aplicaciones prácticas, compartir algunas sugerencias, cuya práctica, tengo la plena seguridad traerá como consecuencia gran bendición y una mayor comprensión en las personas que determinen seguir los consejos. Cada vez que predico, aconsejo o escribo alguna enseñanza, obviamente el deseo de mi corazón es que muchas personas apliquen lo aprendido y podamos ver vidas diferentes. Sin embargo, al ser realista tengo que concluir que lamentablemente la gran mayoría de los lectores seguirá viviendo de la misma manera. Mi alegría es que siempre existe una minoría que debido a su determinación y diligencia en la práctica de los principios bíblicos comienzan a disfrutar de días mejores. Sus vidas, sus relaciones conyugales, sus familias son transformadas por la aplicación del consejo divino. Sinceramente, espero que usted sea uno de aquellos que está en la minoría.

Le ruego que no escatime ningún sacrificio para normalizar su matrimonio, porque siempre es posible tener una relación matrimonial de felicidad, a pesar del duro o vergonzoso pasado, a pesar de las cosas, circunstancias y personas que se opongan, si ambos cónyuges deciden delante del Señor cumplir las indicaciones bíblicas, aunque en determinados casos éstas vayan en contra de su propios deseos. Cuando esta determinación se une a la decisión de hacer cualquier sacrificio posible, realizar cualquier cambio necesario y que su cónyuge se transforme en la relación interpersonal más cercana que exista en este mundo, después de su relación con Dios, no hay barreras lo suficientemente grandes como para impedir una relación conyugal de aprecio, cariño y amor, a pesar de nuestras diferencias.

Recuerde que el estado presente de su matrimonio no es producto de la casualidad o de la buena o mala suerte. Lo que usted vive en el presente es producto de las decisiones que realizó en el pasado. El presente es producto de lo que hizo o lo que dejó de hacer en el pasado. No necesito ser ni profeta ni adivino para decirle que su futuro no será diferente de su presente, si sus decisiones del presente no son diferentes a las del pasado, porque no hay manera de que su futuro cambie, si no realiza cambios en el presente.

No importa cuántos errores haya cometido, no importa cuán errónea hayan sido sus decisiones e inadecuadas sus actitudes, todo puede cambiar si ustedes lo deciden y si buscan el consejo adecuado. Dios está listo para ayudarles, existe consejería disponible, hay grupos de cristianos en su comunidad que se pueden convertir en su grupo de apoyo, lo único que necesitan es tener una conversación seria y sincera. Ustedes como pareja necesitan arrepentirse de los errores cometidos, pedirse perdón por las heridas causadas y hacer un compromiso de aprender nuevas técnicas de cómo vivir con sus diferencias. Creo que este libro puede servir como base para realizar cambios importantes y como base para un compromiso mutuo que deben adquirir bajo nuevas reglas para su vida matrimonial.

Quisiera concluir invitándoles a realizar las acciones adecuadas a fin de lograr lo que seguramente ha estado anhelando por mucho tiempo, es decir, cómo tener una relación matrimonial normal, a pesar de nuestras diferencias. De ninguna manera creo que tengo todas las respuestas, pero sí puedo compartir algo de lo que nos ha ayudado en nuestro matrimonio.

Mientras más vivo, más me convenzo de que el matrimonio es hermoso. No siempre he pensado así, ni tampoco creo que mi esposa ha pensado siempre que su marido es la octava maravilla del mundo, a pesar de que hay otras personas que por verme a la distancia y por no vivir conmigo pueden creerlo. Sin embargo, creo que hemos ido progresando hasta llegar a un lugar en que la balanza, en la mayoría de los días del año se inclina hacia el respeto mutuo, la comprensión, la sumisión y el servicio mutuo.

10

Aprendiendo a sacar beneficios de nuestras diferencias

"Dios nos hizo diferentes para que nos ayudemos mutuamente y no para que tengamos conflictos constantemente. Seguro que podemos vivir con nuestras diferencias, siempre y cuando determinemos disfrutar de nuestra relación matrimonial con amor y con gran paciencia".

David Hormachea

Aprendiendo a vivir con nuestras diferencias

Las cosas que marchan juntas, a menudo son muy diferentes. Desde las más sencillas hasta las más complicadas. Cosas tan sencillas como los duraznos con crema, el aceite con el vinagre, lo blanco con lo negro son muy diferentes, pero pocos dudarán de la excelente combinación que hacen. Tendemos a casarnos con personas realmente diferentes. En la etapa de noviazgo generalmente somos atraídos a los caracteres opuestos, pero lamentablemente en muchos casos, después de la ceremonia nupcial y después de un poco tiempo de matrimonio, las mismas cosas que nos atrajeron, son las que nos tienden a separar.

Quisiera que entienda que uno de los más grandes gozos del matrimonio lo logramos cuando aprendemos a amar a alguien diferente. Uno de los grados de mayor madurez en la vida matrimonial lo alcanzamos cuando estamos dispuestos a aceptar y apoyar las diferencias que son características propias y específicas de cada persona, características que si no son desarrolladas por esa persona no logrará su esperada realización. La vida nos enseña que es posible obtener beneficios de las diferencias. En realidad, por eso Dios nos hizo diferentes, para que nos beneficiemos, no para que nos ataquemos. Cada persona trae al matrimonio fortalezas que a menudo y dependiendo de la actitud de los cónyuges, sirven para complementar las debilidades del otro. Por supuesto, que no todas las diferencias son fáciles de manejar, a veces demandan mucho esfuerzo, comprensión y sacrificio, pero con sabiduría la pareja encontrará formas que les permiten tener un buen equilibrio.

He pensado que los matrimonios son como una pareja de bailarines. Todos nosotros tenemos que actuar en la vida. Nuestro perfecto entrenador nos está observando. El no es un malvado que busca destruirnos o que lleva en su mano un látigo y que está dispuesto a darnos latigazos cuando fallamos. No, El está allí para deleitarse en nuestra armonía, para observarnos cuidadosamente y tomar notas de nuestra desarmonía.

Por momentos perdemos el ritmo, y El está pendiente cuando cometemos errores, El sabe cuando no queremos seguir actuando con la dedicación necesaria, cuando intentamos hacer lo que nosotros queremos sin tomar en cuenta a nuestra pareja y queremos danzar solos. A veces estamos tan metidos en la danza de la vida que inconscientemente vamos perdiendo la armonía con nuestra pareja, o a veces somos tan audaces que deliberadamente decidimos bailar solos. El observa con paciencia y dedicación nuestros errores porque luego buscará, de acuerdo a su gran sabiduría, la forma de corregirnos, de enseñarnos, de meternos dentro de una disciplina, para que no volvamos a cometer los mismos errores.

A través de su Palabra, El está listo a darnos instrucciones para que cada vez aprendamos a movernos mejor en el escenario con el ritmo, la belleza y la armonía que son indispensables para una actuación emocionante y genuina.

Por cierto, por momentos he sentido que a veces sus correcciones duelen, pero El sabe que no aprenderemos de otra manera. En determinados momentos El usa formas que no me agradan, pero lo real es que El usa los métodos más efectivos de enseñanza aunque no estemos de acuerdo con ellos. Esta pareja de bailarines se mueven al mismo ritmo, siguen la misma armonía, por momentos sus movimientos son tan similares que parece que solamente uno de ellos estuviera danzando y que a uno de ellos sólo le acompaña una sombra. A veces, cada uno realiza movimientos libres, pero lo hacen con mucho cuidado y están comprometidos a esforzarse para no perder la armonía. La pareja no está actuando con absoluta espontaneidad, aunque hay movimientos espontáneos. No son movimientos rutinarios y aburridos pese a que tienen que seguir la rutina que fue diseñada por su entrenador. No son los dos los que tienen el liderazgo, ni tampoco son los dos los que hacen lo que quieren. Hay un líder pero van juntos en armonía. El ritmo está en ellos, se mueven con naturalidad, sintiendo en cada movimiento la música que su entrenador ha escogido, porque la música es parte de ellos y porque ambos siguen la misma música.

Creo que no he encontrado mejor descripción de lo que debe ser la relación matrimonial que ésta que alguna vez leí en algún libro. Esta es la mejor forma que he podido encontrar para describir un matrimonio cristiano que intenta cumplir su tarea con honestidad y dedicación, que ha decidido dedicar su actuación a su entrenador. Esta es una pareja adecuada en la que sus miembros, ambos, no sólo uno de ellos, ambos decidieron estar sometidos a aquel que sabe lo que necesitamos. En esta pareja ambos aportan cosas diferentes. Ella belleza, ternura, suavidad, fortaleza, liderazgo, seguridad. No es una pareja que compite el uno contra el otro, ambos están para aportar de sus fortalezas y apoyarse en sus debilidades. Es una pareja que no surge de la noche a la mañana sino de largas horas de práctica, de caídas, de aciertos, de fallas, de accidentes, de errores, de éxitos y que siguen porque saben que no lo han alcanzado todo y que de la única manera que pueden seguir juntos es sirviéndose, apoyándose, sometiéndose mutuamente, trabajando juntos con mucho amor y paciencia, cada día y hasta el término de sus vidas. Este es el modelo adecuado de una pareja cristiana que ha aprendido a bailar con su pareja, que ha aprendido a valorizar las diferencias y sacar el mejor provecho de ellas para el beneficio mutuo. Ellos saben que el público y sus discípulos los observan, ellos saben que sus hijos, su familia, los amigos y el mundo están mirando su actuación y esperan seguir su hermoso ejemplo.

Seguramente usted se está preguntando: ¿Qué es lo que necesitamos entonces para tener éxito para actuar como parejas, para realmente vivir como matrimonios?. Deseo en las próximas páginas compartir algunas sencillas sugerencias.

11

Humanos y pecadores inevitablemente

"Mientras no reconozcamos con seriedad que somos humanos y que lo que nos incita al pecado es nuestra naturaleza pecaminosa, seguiremos teniendo exageradas expectativas y nunca podremos tener una relación conyugal exitosa".

David Hormachea

Humanos y pecadores
inevitablemente

Es necesario reconocer que aunque existen muchas dife-
rencias, algunas amenazantes y otras hermosas, existe una
similitud fundamental y es que ambos somos humanos y
tenemos una naturaleza pecaminosa.

No se olvide que ambos son humanos, por lo tanto, están
sujetos a fallas a pesar de las buenas intenciones que tengan.
Es humano fallar y como humanos tenemos limitaciones que nos
impiden lograr todas las cosas que nosotros quisiéramos. Somos
humanos con emociones frágiles. Somos cambiantes aunque no
queramos, porque nuestras emociones también son cambiantes
aunque no queramos.

Los seres humanos no morimos iguales que cuando nacemos, al contrario, vamos cambiando con el paso del tiempo.
Somos variables en nuestras determinaciones y por lo tanto,
es de humanos sabios reconocer sus limitaciones.

No se olvide también que ambos son pecadores, que ambos
comparten una naturaleza pecaminosa que les incita a buscar
la gratificación de la carne, y aunque por momentos, ésta
desea cosas perfectamente adecuadas, hay momentos en que
también se rebela. El problema que tenemos es que esta
constante compañera cuyo nombre es naturaleza y cuyo

apellido es pecaminosa, generalmente desea las cosas que son permitidas por Dios, pero las quiere obtener fuera del tiempo y los límites que Dios ha estipulado.

Permítame compartir algunos ejemplos. Es perfectamente normal desear las relaciones sexuales. Es anormal no desearlas. Dios nos permite disfrutarlas y seremos beneficiados por ello; pero para que sea beneficioso y signifique una realización para los cónyuges, deben realizarse en el tiempo adecuado, y dentro de los límites que Dios ha establecido. No antes del matrimonio y no fuera del matrimonio.

Sin embargo, los seres humanos luchamos con esa tendencia a hacer las cosas a nuestra manera. Esa misma naturaleza que nos lleva a romper los límites, o a irnos a los extremos, también luchará para que en nuestra relación matrimonial adoptemos posiciones extremas e irreconciliables. Esta naturaleza pecaminosa nos incitará a que nos aprovechemos de las libertades para tener actitudes que no edifican sino que al contrario, destruyen lo hermoso de la relación matrimonial.

Recuerden que aun con todos los esfuerzos que hagamos por vivir con nuestras diferencias, tenemos una naturaleza pecaminosa que lucha dentro de nosotros para que hagamos precisamente aquello que no queremos, inclinación pecaminosa que nos motivará a que hagamos aquello que desagrada a quien creó el matrimonio. Pablo dice: "Porque lo que hago no lo entiendo; pues no hago lo que quiero, sino lo que aborrezco, eso hago.... Y yo sé que en mí, esto es en mi carne, no mora el bien; porque el querer el bien está en mí, pero no el hacerlo. Porque no hago el bien que quiero sino el mal que no quiero, eso hago.... ¡Miserable de mí! ¿quién me librará de este cuerpo de muerte?"

Es necesario que como pareja recuerden esto, porque a pesar de la buena determinación que tomen tendrán una constante batalla. Recuerden que no será efectivo tomar una sola vez la determinación de aprender a vivir con nuestras diferencias y luego olvidarnos porque ésta es una decisión que debe aplicarse cada día, momento a momento y sobre todo en los momentos de mayor dificultad.

12

Egoístas y egocéntricos naturalmente

"Nos encanta que las cosas se hagan cómo, cuándo y de la forma que nosotros queremos. Nos asusta que nuestro cónyuge tenga una forma diferente. Somos egoístas y egocéntricos naturalmente y sólo Dios puede hacernos pensar de una manera distinta y sólo nosotros podemos comenzar a vivir de una manera diferente".

David Hormachea

Egoístas y egocéntricos
naturalmente

Es necesario vencer nuestra tendencia egoísta y egocéntrica de buscar nuestros caminos y nuestra satisfacción, y comenzar a buscar no sólo nuestro bien, sino el bienestar de nuestro cónyuge y su propia realización.

Es muy fácil y natural buscar lo que nos gusta, pero una de las cosas más difíciles para los seres humanos es poner a alguien antes que nosotros, antes que el "yo". El egocentrismo es una enfermedad muy difícil de notar por el propio paciente. Es mucho más fácil de ser observada por quien tiene que dormir, comer, reír, pasear y compartir la vida con alguien que hace que toda la vida, incluso la de los que le rodean, gire en torno a él.

Para aprender a vivir con nuestras diferencias, una de las primeras tareas que debemos asumir es luchar con cualquier indicio de egocentrismo. No estoy hablando de la egolatría, que es el culto, la adoración, amor excesivo de sí mismo, no estoy hablando del egotismo, que es el afán de hablar uno de sí mismo o de afirmar su personalidad. Pero sí estoy hablando del egocentrismo y el egoísmo, frutos de nuestra naturaleza pecaminosa. Egoísmo que nos lleva a tener un inmoderado y excesivo amor a nosotros mismos y que nos impulsa a atender en forma desmedida nuestros propios intereses y descuidar los intereses de los demás. Estoy hablando de combatir el egocentrismo que se manifiesta en nuestros deseos de exaltarnos de tal manera que queremos ser el centro de atención y que en torno a nosotros giren todas las actividades de nuestro hogar. (Diccionario de la Lengua Española Océano).

Le advierto que empeñarse en esta labor no será una tarea fácil, porque no es nada fácil luchar contra uno mismo. Es suficientemente difícil luchar contra los malos deseos, pero es mucho más difícil tratar de ir en contra de sus buenos deseos e intereses cuando estos ponen en peligro el bienestar de mi relación conyugal. Sin embargo, creo que luchar contra sí mismo es una tarea indispensable si desea aprender a vivir con las diferencias.

Para Dios, el egoísmo y el egocentrismo es un pecado y la única forma de salir de los pecados es seguir el consejo Divino. La Biblia nos manda a arrepentirnos de ellos y a cambiar nuestra actitud. Eso es precisamente lo que debemos hacer. Cuando nos damos cuenta de que hemos tenido un comportamiento inadecuado tenemos la tendencia a hacer dos cosas: O rápidamente nos disculpamos o comenzamos a preguntarnos por qué lo hicimos. La primera reacción parece y hasta suena bíblica, pero a menudo no es más que el reflejo de un superficial "arrepentimiento" que no guía a ningún cambio. La segunda reacción, es decir, cuando la persona se pregunta por qué lo hizo es la que nos da trabajo a los consejeros, pero rara vez lleva a la persona a un cambio inmediato y genuino. Si usted toma una de estas dos opciones, le aseguro que no disfrutará de ningún cambio permanente.

Cuando una persona sólo se disculpa delante de Dios, tiene la tendencia a aplicar livianamente a su caso lo que dice Juan: "Si confesamos nuestros pecados, El es fiel y justo para perdonar nuestros pecados, y limpiarnos de toda maldad" (1 Juan 1:9). Sin embargo, es mi deber recordarle que una disculpa de ninguna manera es una confesión. La común disculpa no es sino un atajo que queremos tomar para no enfrentar la realidad de nuestro pecado. Aquellos que son sinceros y no encontraron una nueva forma de conducta a pesar de las disculpas pedidas, tienden a dar otro paso que creen que les ayudará. El siguiente paso es tratar de buscar la razón de su conflicto. Ellos creen que entendiendo el por qué, tendrán fuerzas para la victoria. La experiencia me dice lo contrario. Esa forma tampoco le dará el éxito anhelado.

Cuando tratamos de entender las razones por las que hemos cometido ese pecado, en vez de arrepentirnos del pecado, determinamos que los responsables de nuestro pasado son las heridas que llevamos en nuestra alma. Así hay algunos que determinan que sólo el pasado es la razón de sus problemas. *(Men and Women: Enjoying the difference* [Hombres y mujeres: Disfrutan la diferencia]. Zondervan: Grand Rapids, Michigan, 1991. Páginas 74-77). La verdadera confesión es siempre un proceso que nos produce agonía, nunca se imagine siquiera que es una declaración fácil. El quebrantamiento que debemos sentir por el pecado cometido al comportarnos egoístamente con nuestros seres queridos, es un paso indispensable para aprender a amar y comprender a nuestro cónyuge.

Un reconocimiento rutinario de un error fácilmente admitido no es la forma adecuada de tratar con nuestros pecados, y el egoísmo es un pecado. Ni una mirada superficial a nuestro pecado, ni un reconocimiento del daño que ha provocado nos liberta del egoísmo.

Es necesario que reconozca que la raíz de mis problemas no es mi identidad personal como un ser en desarrollo y con marcas del pasado, sino mi naturaleza pecaminosa que se manifiesta en mi egocentrismo y egoísmo. Son estas manifestaciones pecaminosas llamadas egoísmo y egocentrismo las que continuamente tratan de convencerme de que no hay nada en el mundo más importante que yo. Son estas manifestaciones pecaminosas las que me hacen creer que ninguna necesidad de afecto, cariño, comprensión y respeto de los miembros de mi familia es más importante que la satisfacción de mis necesidades personales.

El egoísta, aunque no lo piense ni lo acepte, actúa como si todos debieran entender sus necesidades y que cualquiera que se cruce en su camino, sea el dueño de la tienda, el pastor, la esposa, o sus hijos deben dedicar su tiempo y recursos para que él se sienta cómodo y feliz. El que sólo piensa en sí mismo y está apurado se meterá primero en la fila de las compras en el supermercado, según él, son los demás los que deben esperar porque él está apurado. El egoísta es aquel que cuando se levanta tarde cree que debe ser comprendido cuando comete errores y no reprendido por ellos. Los policías deben comprenderlos si se pasa el semáforo en rojo. El egoísta es el que cree que si logra llegar a la hora a su trabajo debe ser digno de aplauso. El egoísta piensa que sólo lo que él desea debe determinar la clase de respuesta que la gente debe tener. La gente debe responder como él espera que respondan. Esa es la ética de un egoísta.

La única forma de salir de un pecado tan sutil y dañino como este, es reconocerlo y confesarlo delante de Dios y su cónyuge, arrepentirse con dolor en su corazón por la falta cometida. Debe comprometerse al cambio, comenzando inmediatamente. Incluso, si verdaderamente quiere abandonar ese estilo de vida debe pedir a su cónyuge que le ayude a descubrir sus acciones egoístas porque muchas veces están tan acostumbrados que no lo notan. Si quiere tener victoria debe comprometerse a no enojarse cuando es confrontado, porque en vez de resentirse con quien nota su debilidad y se la declara, debe agradecerle porque le ayudó a ver algo que usted no veía. Debe aprender a ser sensible, a sentir dolor cada vez que tenga que confesar su maldad y buscar la ayuda de Jesucristo quien es el único que puede darle total libertad. Sólo con la ayuda de Dios y su propia determinación, podrá vencer esta naturaleza pecaminosa que nos impele a rebelarnos contra Dios y que nos incita a vivir la vida a nuestra manera.

No trate de huir de Dios en estos momentos que tanto lo necesita. No huya de Dios, ni reniegue contra Dios porque las cosas no funcionan como usted espera, porque lo que usted espera no siempre es lo mejor para el bienestar del matrimonio aunque podría ser bueno para usted como individuo si es que aún fuera soltero.

No tengo problemas en que las personas huyan de las iglesias legalistas, creo que deben hacerlo. Le aconsejo que huya de las religiones que buscan subyugar al hombre que con sinceridad busca agradar a Dios y que están sometidas a reglas humanas. No tengo problemas con que las personas huyan de esos sistemas legalistas, ritualistas y religiosos, pero sí tengo problemas para aceptar que el hombre huya de Dios y de las congregaciones cuyos líderes estamos dispuestos a enseñar más y más lo que Dios espera que nosotros hagamos para nuestro propio beneficio.

Tenemos la tendencia a convertirnos en egocéntricos cuando huimos de Dios y queremos depender exclusivamente de nuestros recursos. Somos egocéntricos cuando creemos que no necesitamos de nadie y egoístas cuando no tomamos en cuenta a nadie en nuestros hogares. Por cierto, no adoramos nuestro ego, pero sí nos cuesta un tremendo trabajo pensar en nuestro cónyuge y sus necesidades. Le repito es indispensable arrepentirse y abandonar esa tendencia a pensar sólo en sus intereses y anhelos en vez de pensar en las metas y necesidades de toda su familia. Después del arrepentimiento es posible tener victoria y una vez vencido el pecado del egoísmo y cuando comenzamos a pensar en nuestros seres queridos, estamos dando gigantescos pasos para aprender a vivir con nuestras diferencias.

13

Abiertos y dispuestos necesariamente

"La pregunta no es si somos diferentes. Eso lo sabe todo ser humano inteligente. La pregunta es si estamos abiertos y dispuestos a conversar cuantas veces sea necesario y con determinación ponernos de acuerdo para amarnos y respetarnos consecuentemente".

David Hormachea

Abiertos y dispuestos
necesariamente

Recuerde que no importa cuántas veces sea necesario conversar, siempre deben estar abiertos y dispuestos a discutir sus diferencias y llegar a un acuerdo.

Algunas personas tienen expectativas equivocadas y se olvidan de todo lo que he explicado en los puntos anteriores. No importa cuántas veces haya conversado del tema, tendrá necesidad de volver hacerlo. Somos humanos y cometemos errores, tenemos una naturaleza pecaminosa y a pesar de nuestras buenas intenciones, nos sale por momentos lo pecador y volvemos a buscar nuestra propia gratificación.

Nosotros como personas somos cambiantes, las circunstancias cambian y necesitamos volver a discutir nuestras diferencias una vez más. No se decepcione, ni crea que no existen cambios sólo porque una vez más es necesario conversar de sus diferencias. Muchas veces ya hemos hecho cambios, pero se necesita realizar otros cambios y debemos hacer ciertos ajustes porque las circunstancias que vivimos ahora han cambiado.

Creo que uno de los grandes errores que cometemos es asumir que después de una sola conversación o algunas conversaciones, todo estará resuelto y que ya hemos aprendido toda la lección. En la experiencia uno se da cuenta de que eso no es real. Las personas que piensan de esa manera sufrirán decepción.

He pensado que lo que ocurre con nuestros automóviles, también ocurre con nuestros matrimonios. Todos cada cierto tiempo necesitamos llevar nuestros automóviles al mecánico para hacer un afinamiento del motor. A veces, éste sólo necesita que se le hagan unos pequeños ajustes y otras veces involucra el cambio de bujías y otros implementos necesarios, que duran por un determinado tiempo, pero que se gastan con el uso. Cuando esto sucede aquellos que estamos bien informados no pensamos que el automóvil está funcionando mal porque está dañando las bujías, sino que solamente se necesita hacer el ajuste adecuado por el desgaste ocurrido. Esa es la manera en que deben ser vistas las conversaciones que cada cierto tiempo se deben realizar en toda relación matrimonial. Es imposible tener unas pocas conversaciones y resolver eternamente las diferencias.

Creo que es indispensable para el buen funcionamiento de la relación matrimonial que se realicen estas conversaciones. Si usted es una persona con una mentalidad bien práctica, seguramente estará pensando acerca de qué es lo que deben hacer en estas conversaciones. Mi respuesta es que lo más importante es aprender a escucharse. Es imposible tomar decisiones adecuadas y que sean el resultado de un genuino acuerdo, si las partes no están listas para escucharse. No estoy diciendo que deben oírse, porque no sólo debemos estar listos para percibir los sonidos que emite nuestro cónyuge, sino que mucho mejor que eso, debemos darnos por enterado de los ruegos, ideas, consejos, anhelos y gustos de la otra persona.

Escuchamos cuando prestamos atención a lo que estamos oyendo. Para realmente escuchar es necesario atender, acoger favorablemente o satisfacer un deseo, ruego o mandato. En la antigüedad se llamaba "escucha", a la criada que dormía cerca de la alcoba de su ama para poder oír si ella le llamaba. (Diccionario de la Lengua Española Océano). Creo que este ejemplo describe bien la acción que se debe realizar en estas conversaciones. La criada estaba lista a atender las necesidades de su señora. Ella no estaba dispuesta a exigir lo que quería. La criada no tenía el derecho de ir a realizar demandas cuando escuchaba que su ama a media noche se despertaba, sino que tan pronto notaba señales de movimiento y cuando escuchaba algunos ruidos que anunciaban que algo ocurría, la "escucha" estaba lista para ir a atender esa necesidad lo antes posible. Esa precisamente debe ser nuestra actitud en estas conversaciones. (Diccionario de la Lengua Española Océano).

Un dicho reza: "Cuando el río suena es porque piedras trae". Si usted está "escuchando ruidos" en su relación matrimonial que le comunican que existe una necesidad en su cónyuge, debe tener la disposición de realizar las acciones necesarias para atender esa necesidad. El ser notificados de una necesidad, el darnos cuenta de una necesidad no es la señal para iniciar un reproche de nuestro cónyuge.

Paul Tournier dice: "Es imposible sobreenfatizar la inmensa necesidad que tenemos los humanos de ser escuchados, de ser tomados en serio, de ser comprendidos. Nadie puede desarrollarse libremente en este mundo y encontrar una vida completa, sin ser comprendido por lo menos por una persona".

La persona más cercana en este mundo, para una persona casada, debe ser su cónyuge. Después de muchos años he comprendido que después de mi relación personal con Dios la relación más importante en este mundo es la relación con mi esposa. Toda otra relación debe ser secundaria, incluyendo a los hijos, la relación laboral, o el más cercano de los amigos.

Lamentablemente muchos cónyuges no sienten que son escuchados en su relación matrimonial y obviamente, viviendo así, nadie puede desarrollarse libremente y encontrar una vida realizada. Lamentablemente el no sentirse comprendido, el no sentirse escuchado, el ser ignorado es una de las razones que mueve a algunos cónyuges a tener una relación interpersonal fuera del vínculo matrimonial. No estoy diciendo que esta sea una justificación pero sí que es una de las razones para un comportamiento pecaminoso.

Poniendo su dedo sobre la llaga con absoluta certeza, el psiquiatra suizo Paul Tournier dice: "Escuche las conversaciones de este mundo, entre las naciones así como las conversaciones entre parejas. La mayor parte de estos son diálogos de sordos". (Paul Tournier: *To Understand each other* [Entendernos unos a otros] Atlanta: John Knox Press, 1977 by M.E. Bratcher, página 8.)

Es muy importante que todos los humanos cultivemos este arte de escuchar. Se requiere disciplina y por momentos un poco de lógica. Siempre pienso que esa es la razón por la cual Dios me dio dos orejas y una boca, para que escuche el doble de lo que hablo. Conversar y escucharse no es solamente oír lo que la otra persona está diciendo y estar pensando para encontrar la respuesta que vamos a dar. No es oír un reclamo acerca de una acción errónea que cometimos y estar pensando inmediatamente en cómo justificar mis acciones.

Deberíamos aprender a escuchar a los demás imitando el maravilloso ejemplo de Jesucristo que es presentado en el relato de Juan capítulo 4. Jesucristo escuchó a la mujer samaritana. Todo lo que esa mujer necesitaba era alguien que le escuchara y su más grande sorpresa fue que le escuchó alguien que de acuerdo a la tradición y a las costumbres no debería haberla escuchado. Sin embargo, ella sintió confianza para abrir su corazón, compartir sus secretos, admitir sus sentimientos separatistas, e incluso reconocer la sabiduría de la persona con quien hablaba. Encuentro interesante que aun los discípulos estaban sorprendidos de la acción de Jesucristo. El resultado fue maravilloso. Allí estaba una mujer que había sido comprendida, que tuvo la libertad para compartir sus sentimientos de felicidad con otros que también buscaban a Jesús porque eran de los miles que necesitaban ser escuchados.

Creo que puedo anticipar una mejor relación familiar entre los miembros de una familia que aprenden a escucharse. Le aseguro que cuando ustedes como cónyuges comiencen a escucharse, sus hijos que también tienen necesidad de que los escuchen sabrán que si sus padres lo hacen, también están capacitados para escucharlos a ellos. En mi propia experiencia he notado que no es fácil aprender a escuchar. No se aprende de la noche a la mañana porque para poder hacerlo debemos destruir algunos enemigos que luchan por impedirnos ser sensibles a las necesidades, consejos, y anhelos de los demás. Debemos destruir el orgullo, la insensibilidad, la intolerancia y nuestro egoísmo y egocentrismo. El único antídoto para esta destructiva enfermedad es ser sensibles, tolerantes, pacientes y tener dominio propio. Estas virtudes no son fáciles de encontrar en este mundo egocentrista en que vivimos.

Vivimos en días en que los valores de la mayoría de los matrimonios son muy diferentes a los valores expresados en la Palabra de Dios, y todos aquellos que desean llevar a sus matrimonios una relación de excelencia moral y espiritual deben tomar en serio a Dios. Esa es la razón por la que creo que si usted con sinceridad anhela tener un matrimonio que disfruta de una relación conyugal al estilo divino, con valores eternos, con excelencia moral, con un enfoque eterno y no sólo temporal, debe poner en práctica el consejo divino. Si usted no anhela tener una relación adecuada con Dios creo que aun sin ser cristiano puede tener una relación conyugal adecuada.

Existen miles de parejas que sin ser cristianos tienen una relación adecuada. Sin embargo, si usted desea tener un matrimonio con un enfoque en las cosas eternas y relacionado con Dios de acuerdo a lo que dice la Escritura es imposible tenerlo sin tener a Cristo en su corazón y sin aplicar con diligencia los principios escriturales.

Si usted y su cónyuge deciden tener un matrimonio de acuerdo a los principios divinos, creo que deben hacer un serio compromiso de ajustar sus vidas al consejo divino y en una seria conversación deben comprometerse a buscar con diligencia las virtudes cristianas mencionadas por el apóstol Pedro. Descubramos algunas virtudes que ustedes como pareja deben llegar a un acuerdo de implementar en vuestro matrimonio.

La necesidad de seguir el consejo Divino

El apóstol Pedro sabía que vivir en estos últimos días no sería una experiencia placentera. Tenemos una seria presión del mundo que no desea vivir con valores absolutos, pero nosotros somos llamados a vivir de una manera diferente. El éxito de una relación matrimonial al estilo divino depende de si practicamos o no los consejos de Aquel que creó el matrimonio.

La necesidad de un adecuada relación con Dios

Todos aquellos que desean tener un matrimonio con valores cristianos, todos aquellos que desean vivir de acuerdo al consejo divino, deben en primer lugar tener una relación con Dios. Pedro dice que para vivir como Dios espera de nosotros, debemos ser participantes de la naturaleza divina. Note lo que dice el apóstol Pedro: "Como todas las cosas que pertenecen a la vida y a la piedad nos han sido dadas por su divino poder, mediante el conocimiento de aquel que nos llamó por su gloria y excelencia" (2 de Pedro 1:3).

Los resultados de una adecuada relación con Dios

Cuando tenemos en nosotros el poder de Dios por haber aceptado a Jesucristo, tenemos a nuestra disposición y nos han sido dadas todas las cosas que corresponden a dos partes muy importantes de la vida del hombre. Pedro menciona que tendremos las cosas que pertenecen a la vida y la piedad.

"Las cosas que pertenecen a la vida" (versículo 3).

Son aquellas cosas que necesitamos para nuestra adecuada convivencia en el mundo. Estas cosas que nos permiten vivir como hijos de Dios en medio de la "corrupción que hay en el mundo a causa de la concupiscencia (versículo 4).

"Las cosas que pertenecen a la piedad" (versículo 3).

Son las cosas que necesitamos para una adecuada relación con Dios. Si un matrimonio desea vivir bajo principios cristianos, si le encanta vivir siguiendo el consejo de Dios para la vida conyugal, necesita tener una relación personal con Jesucristo, necesita tener "conocimiento de aquel que nos llamó por su gloria y excelencia". El es quien le dará el poder necesario para vivir una vida adecuada con Dios y con los hombres. Por esa relación, por ese conocimiento que tenemos de El, somos participantes de "preciosas y grandísimas promesas", para que por ellas tengamos una relación adecuada con Dios y podamos vivir con santidad en medio de un mundo pecaminoso (versículo 4).

No hay nada en nosotros que nos permita anhelar lo bueno o vivir como salvados en medio de un mundo perdido. Sólo podemos hacerlo por "la justicia de nuestro Dios y Salvador Jesucristo". Por Jesucristo, Pedro nos dice que nosotros podemos tener "una fe igualmente preciosa" que la que él tenía.

Matrimonios útiles y fructíferos

Teniendo aquella fe, igualmente preciosa que la que Pedro tenía y habiéndola recibido sólo por la gracia de Dios, ahora somos nosotros los que debemos agregar estas virtudes que están disponibles para los hijos de Dios. Agregando aquellas virtudes podremos vivir una vida útil y fructífera. El versículo 8 dice: "Porque si estas cosas están en vosotros y abundan, no os dejarán estar ociosos ni sin fruto". Al contrario, dice Pedro: "El que no tiene estas cosas tiene la vista muy corta; es ciego, habiendo olvidado la purificación de sus antiguos pecados" (versículo 9).

Responsabilidad: Aplicar diligencia

Los matrimonios que anhelan vivir siguiendo el consejo divino, deben agregar a su fe algunas virtudes cristianas que le permitirán vivir una vida útil y fructífera (versículos 5-7). El llamado de Pedro es a que apliquemos estas cosas "con toda diligencia" (versículo 5).

Nuestras virtudes

En el mundo y principalmente en nuestros matrimonios, en nuestras familias, aquellos que tenemos fe y que conocemos al Señor Jesucristo, no debemos vivir solamente anunciando que tenemos fe sino practicando un estilo de vida diferente por la fe que tenemos. Tener fe en Jesucristo es creer en lo que El dijo, hizo y prometió. Creer lo que El dijo incluye el practicar sus enseñanzas. Todo matrimonio cristiano debe agregar a aquella fe que tiene algunas virtudes descritas en este pasaje.

La virtud
Esto se refiere a la excelencia moral. Una vida virtuosa es la que tiene el hábito, la disposición de ajustarse a la ley moral. La pareja debe comprometerse a vivir una vida virtuosa. Las enseñanzas de la Biblia y el consejo divino deben prevalecer por sobre costumbres o ideas que tenemos de cómo vivir con nuestras diferencias. El consejo de la Palabra de Dios debe ser seguido y la pareja debe comprometerse a que el filtro por el cual pasarán los deseos, planes y metas será el filtro del consejo escritural. Este es un serio compromiso para vivir una vida virtuosa.

El conocimiento
Al compromiso de vivir una vida piadosa, la pareja debe agregar un compromiso a buscar el conocimiento adecuado. Este es un conocimiento práctico, es saber cómo aplicar las enseñanzas de la Palabra de Dios, no sólo leerlas y escucharlas, sino saber cómo aplicarlas.

El dominio propio
En la conversación de compromiso que tengan como matrimonio, decidan también buscar con diligencia vivir con dominio propio. Esta es la habilidad de controlarse de tal manera que nada tenga señorío sobre sus vidas, a excepción de los mandamientos de Jesucristo. No debe tener señorío el dinero, los amigos, las opiniones de otros, ningún hábito, ningún vicio, ni el sexo. Esta es la decisión para vivir una vida equilibrada.

La paciencia
El apóstol Pedro nos exhorta a que agreguemos "al dominio propio, paciencia". Vaya que es necesaria esta virtud en la relación matrimonial. Debemos comprometernos a ser pacientes, a

soportarnos mutuamente, a comprendernos mutuamente. Después de comprometernos a ser pacientes, debemos ser diligentes en vivir vidas piadosas. No somos llamados a parecer piadosos sino a vivir como piadosos. La piedad tiene muy poco que ver con lo exterior porque es una virtud interior. Es la profunda reverencia a Dios que se manifiesta en el respeto a nuestros semejantes.

El afecto fraternal

Otro importante compromiso que deben realizar es el de vivir en la relación matrimonial con un verdadero "afecto fraternal". La palabra griega es *philadelphia* y nos describe la preocupación de los unos por los otros. Es aprender a llevar las cargas juntos, es aprender a gozarse con quien se goza y llorar con el cónyuge que llora.

El amor

Finalmente, creo que no podrá existir una relación matrimonial sin buscar con diligencia agregar a todas las virtudes mencionadas, la virtud del amor. No me refiero sólo a los sentimientos, no me refiero a actuar por el bien del cónyuge solamente cuando se siente bien, buscar el bienestar sólo cuando así lo siente, porque el amor sobrepasa los sentimientos. El amor es un compromiso. Jesucristo dijo que no haríamos nada que cualquier persona no pueda hacer cuando hacemos el bien a los que bien nos hacen. Una persona que ama no es una persona que actúa bien cuando lo siente o cuando le hicieron bien o con lo que pueden pagarle con un bien. El amor transciende sentimientos, el amor cubre multitud de pecados y el amor sobrepasa las diferencias. Creo que un buen acróstico con la palabra amor y que describe cuál debe ser nuestro compromiso si anhelamos una relación matrimonial al estilo divino es el siguiente: Con la letra *"A"*. Debemos tener el compromiso de *Atender con dedicación las necesidades, deseos, metas, y sugerencias de nuestro cónyuge.*

En segundo lugar, con la letra *"M"*. Debe *Mostrar a su cónyuge con hechos que usted le da el valor que tiene como persona amada.* En tercer lugar, con la letra *"O".* Debemos estar dispuestos a *Otorgar perdón constantemente por las fallas cometidas.* En cuarto lugar, con la letra *"R".* Debemos *Reiteradamente con palabras y acciones expresar nuestro cariño y afecto a nuestro cónyuge.*

Creo que si Dios nos pone a la disposición virtudes que son excelentes para una adecuada relación con El y nuestros semejantes y El puede darnos, el poder, la capacidad de ser sensibles y tolerantes haríamos bien en depender de El. Si Dios, además nos dio dos orejas, dos ojos y una boca, haríamos bien en usarlos en la proporción adecuada, es decir, observar más, escuchar más y hablar menos. Dice Salomón: "El oído que oye, y el ojo que ve, ambas cosas igualmente ha hecho el Señor" (Proverbios 20:12). Otro proverbio dice: "El oído que escucha las amonestaciones de la vida, entre los sabios morará. El que tiene en poco la disciplina, menosprecia su alma; mas el que escucha la corrección tiene entendimiento" (Proverbios 15:31-32).

Conversaciones con tacto

Otra característica de estas conversaciones es que deben ser realizadas con tacto. El tacto es el tino, el acierto, el comedimiento en las acciones o la expresión de juicios. Las diferencias no sólo deben ser escuchadas con tacto, con tino, sino es necesario que expresemos nuestros sentimientos con tacto también. El tacto nos exige que comuniquemos con palabras bien pensadas. Debemos mantener conversaciones honestas en que cada uno de los cónyuges tienen la libertad de expresar abiertamente sus sentimientos. Siempre que hablo de la honestidad tengo temor de que sea mal entendido. Si una persona quiere hablar con franqueza comete un serio error si piensa que tiene la libertad de decir todo lo que siente, cuando quiere, y como quiere, sin importarle los sentimientos de la persona con quien se está comunicando. La franqueza es la confianza o familiaridad en el trato, pero incluye tacto. Se debe ser sincero, se debe comunicar sin fingimiento, pero sin olvidar los sentimientos de la otra persona. Siempre termino riéndome cuando leo una ilustración que expresa bien lo que estoy compartiendo. Una señorita estudiante de la universidad que estaba siendo apoyada económicamente por sus padres se sentía muy desanimada por las malas calificaciones que estaba obteniendo. Ella tenía temor de perder el apoyo económico de sus padres y pensó que ellos tendrían serios problemas para entenderla. Después de buscar muchas opciones para comunicar su problema lo más adecuadamente posible, descubrió una creativa idea para suavizar la realidad y escribió a sus padres más o menos lo siguiente:

"Queridos mamá y papá:
Recientemente pensé que sería bueno mandarles una nota para que estén conscientes de mis planes. Me he enamorado de una persona llamada Jim. El se salió de la escuela secundaria después del penúltimo año para casarse. Más o menos hace un año atrás, se divorció.
Hemos tenido una relación bastante continua durante los dos meses pasados y planeamos casarnos en el otoño. Mientras tanto, he decidido irme a vivir con él en su departamento (pienso que puedo estar embarazada). De cualquier modo, debo comunicarles que abandoné la universidad la semana pasada, aunque quisiera terminar en algún momento en el futuro".

Hasta aquí terminaba la primera página y luego ella siguió escribiendo en la siguiente:

"Mami y papi, sólo quiero que ustedes sepan que todo lo que escribí hasta este momento no es más que una falsedad. Nada de lo que escribí en la página anterior es verdad; pero mami y papi, sí es verdad que no tengo una buena calificación en francés y que fallé en matemáticas. Es verdad que voy a necesitar un poco más de dinero para pagar mis estudios".
Growing Strong in the Seasons of Life. Chuck Swindoll (página 71)

Este es un buen ejemplo de que aun las malas noticias pueden ser comunicadas con tanta delicadeza que podrían parecer buenas.

Si ustedes quieren aprender a vivir como personas diferentes, deben tener una buena comunicación y ésta siempre debe ser realizada con tacto. Hágalo como si estuviera escribiendo su autobiografía, comuníquese con la misma honestidad y tacto que necesita un médico para comunicar las más tristes y trágicas verdades con respecto a la salud de sus pacientes.

Salomón confirma con claridad la necesidad de comunicarse con tacto en las relaciones interpersonales. El dice que: "La blanda respuesta quita la ira; mas la palabra áspera hace subir el furor. La lengua de los sabios adornará la sabiduría; mas la boca de los necios hablará sandeces" (Proverbios 15:1-2).

Es posible que algunos de mis lectores tengan la necesidad de ser ayudados para poder hacer un buen análisis de toda la amargura que sale de su boca cuando intenta comunicar. Tal vez en lo más profundo de su corazón hay sentimientos muy ocultos, tal vez hay amarguras no descubiertas que hacen que cada vez que intenta comunicar lo que siente, no puede comunicar otra cosa que no sea su dolor o los resentimientos que están anidados en su corazón. Jesucristo describe bien esta realidad cuando dice: "El hombre bueno, del buen tesoro de su corazón saca lo bueno; y el hombre malo, del mal tesoro de su corazón saca lo malo; porque de la abundancia del corazón habla la boca" (Lucas 6:45).

Es posible que algunos de ustedes necesitan sacar de su corazón heridas muy profundas y amarguras muy grandes que están impidiendo que tengan una buena relación conyugal. Tal vez, las heridas todavía existen y cada vez que existe un nuevo conflicto, gotas de limón caen en aquella herida y lo que sale de su boca son palabras llenas de resentimiento que anidan sentimientos de venganza. Si eso es lo que está ocurriendo, ustedes necesitan ayuda. No deben seguir viviendo con una bomba de tiempo en su interior.

14

Pacientes y dedicados obligatoriamente

"Quienes buscan soluciones rápidas, inmediatas y sencillas a problemas antiguos, grandes y complicados no sólo deben cambiar sus expectativas, sino que para tener esperanza de solución, obligatoriamente deberán aprender a ser pacientes y dedicados".

David Hormachea

Pacientes y dedicados obligatoriamente

Es imprescindible ser pacientes y dedicar todo el tiempo que sea necesario para tomar decisiones acertadas, las decisiones rápidas y sentimentales generalmente no son las más adecuadas.

Sugiero que se ponga mucha atención al momento en que estas conversaciones se tienen. Para que las conversaciones sean efectivas deben realizarse en el tiempo oportuno. Estas serias conversaciones no deben ser algo accidental que ocurrió como producto de un nuevo conflicto, ni deben ser realizadas cuando uno o ambos no se encuentran en las condiciones físicas o emocionales de conversar asuntos tan delicados.

El aprender a vivir con nuestras diferencias demanda conocernos mejor y entender las pretensiones y anhelos de aquellos a quienes amamos y no existe forma de conocernos mejor que dedicar el tiempo necesario para reforzar la relación interpersonal. A veces, ambos cónyuges están tratando de conseguir exactamente lo mismo, pero utilizando caminos diferentes. Esto generalmente ocurre debido a que no se ha dedicado el tiempo necesario para ponerse de acuerdo.

Cuando no han existido conversaciones sinceras, francas, con tacto, y no han llegado a acuerdos serios, generalmente vemos que nuestros intereses son amenazados y lógicamente reaccionamos rápidamente para tratar de evitarlo. Mi sugerencia es que dedique más calidad y cantidad de tiempo que el que dedicaría a su automóvil en problemas pequeños o graves. No ha notado que cuando el automóvil está funcionando relativamente bien pero descubre que las llantas están desalineadas y desbalanceadas, necesita que nos preocupemos. El automóvil funciona, pero está temblando cuando llega a cierta velocidad porque hay un desbalance. El automóvil corre bien, pero las llantas se están gastando más rápido, suenan horriblemente en las curvas, es difícil mantener el volante recto y conducir bien el automóvil, solamente porque las ruedas están desalineadas. El problema es que hay una diferencia de sólo milímetros en la posición de una con respecto a la otra, y esto no les permite rodar en forma perfectamente paralelas.

Si usted dedicaría tiempo para arreglar su automóvil no importa cuánto cueste, y utilizaría sistemas computarizados para que realicen el trabajo más minuciosamente a fin de tener seguridad en su conducción, cuánto más debe dedicar el tiempo y los recursos que sean necesarios para balancear y alinear las llantas y ruedas de su matrimonio, para que aunque las ruedas están puestas en lugares distintos y son diferentes, vayan hacia el mismo objetivo. Esa es una forma de evitar que se desperdicie una increíble cantidad de energía que el "automóvil" llamado matrimonio tiene y que es necesaria para avanzar con tranquilidad y confianza. Cuando usted dedica el tiempo y el dinero para corregir aquellos pequeños pero dañinos defectos, usted y su familia pueden tener un viaje placentero por los difíciles y peligrosos caminos de la vida.

Una de las más grandes pruebas de que está aprendiendo a vivir con las diferencias se hará evidente en aquellos momentos en que a usted le importa lo que piensa su cónyuge, cuando está listo a conversar, cuando está dispuesto a reconocer que ambos pueden fallar porque son humanos y porque tienen una naturaleza pecaminosa, cuando siente que tiene valor para luchar contra el egoísmo de su corazón y cuando está listo para tomar todo el tiempo que sea necesario y hacer todos los cambios que sean necesarios para conducir su familia con sabiduría. Usted ha aprendido a vivir con las diferencias cuando los dolores, angustias, alegrías, tristezas, necesidades, metas y propósitos de su cónyuge son más importantes que los propios y cuando está listo a renunciar a todas las grandes metas y anhelos personales, que a pesar de ser legítimos pueden ser perjudiciales para el bienestar del núcleo familiar.

No olvide que es importante dedicar buena calidad y cantidad de tiempo para discutir estos asuntos como pareja y que buscar el tiempo oportuno para hacerlo no es una opción sino una obligación de quienes quieren que sus diferencias en vez de una maldición sean consideradas una bendición.

Ahora es el momento oportuno para pensar en tener serias conversaciones, pero le sugiero que con sabiduría busque la hora y el día en que deben iniciar la discusión de un asunto tan importante para vuestra relación matrimonial. Salomón dice: "El hombre se alegra con la respuesta de su boca; y la palabra a su tiempo, ¡cuán buena es!" (15:23).

15

Decididos y determinados indispensablemente

"He descubierto tres grandes problemas en toda relación matrimonial conflictiva. Primero, mbos piensan que quien necesita cambiar es el otro. En segundo lugar, están esperando que su situación sea transformada sin que ellos hayan cambiado y tercero, que el cambio lo pueden hacer más adelante. Por eso, su situación no cambia, los problemas se agravan y su relación es cada vez más decepcionante".

David Hormachea

Decididos y determinados indispensablemente

Decida que es usted quien debe cambiar y determine hacer todos los cambios que sean indispensables e inícielos inmediatamente, ni siquiera se imagine que las cosas van a cambiar sólo por accidente.

Mao Tse Tung dijo: "Un viaje de miles de millas comienza con el primer paso". Creo que los cambios profundos son posibles para todas las personas pero es indispensable dar el primer paso. A pesar de los problemas difíciles, de las fallas del pasado, la transformación radical es posible, siempre y cuando comencemos ahora y no esperemos siempre comenzar al siguiente día. La decisión de cambio es una decisión personal y es indispensable que sea realizada por ambos cónyuges.

Usted seguramente ha llegado al momento de darse cuenta de que no es posible realizar cambios personales si dependemos del cambio de la otra persona, pero que para que la relación matrimonial sea cambiada y para que cada uno sea estimulado en su decisión, ambos cónyuges deben realizar los cambios necesarios.

Identificar las áreas de cambio no es una tarea fácil y debemos dedicar buena cantidad y calidad de tiempo para conversar con nuestro cónyuge, pero es indispensable buscar el tiempo oportuno para las conversaciones sabias. Sin embargo, una de las más importantes determinaciones es realizar los cambios hoy y no seguir esperando hasta ese mañana que nunca llega.

Todos los hombres, pero especialmente muchos latinoamericanos tenemos un serio enemigo cuando se trata de cumplir una responsabilidad o confrontar una incómoda situación. Me refiero a nuestra tendencia de dejar las cosas para mañana. La palabra mañana, tan usada por algunos y especialmente arraigada en nuestra cultura hispana, ha llegado a ser tan popular, que aun en inglés se conoce con referencia a posponer las cosas. La palabra inglesa "procrastination" es una palabra que me encantaría que existiera en español. Esta palabra viene del latín "procrastinare". "Pro", significa, hacer avanzar algo, posponer algo. "Cras" significa, mañana. Por lo tanto, esta palabra significa, dejar las cosas para mañana. Es posponer, demorar la realización de algo.

Esta es una palabra que constantemente vivo enseñando a mis hijos. Las terribles consecuencias de demorar las cosas es bien ilustrado en el hecho de dejar de hacer la limpieza de un cuarto o de una casa. El polvo seguirá cayendo poco a poco y las arañas tejerán sus telas dejando el lugar como repulsivo e indeseable. El posponer las cosas elimina los logros, nos quita la responsabilidad y nos deja inundados de excusas, racionalizaciones, falsas promesas, y nos produce vergüenza y culpabilidad. Si usted es de aquellos que deja para mañana las cosas que puede hacer hoy, su filosofía de la vida es errónea, cualquiera que sea su creencia.

Salomón con palabras hermosas nos advierte de este peligro de permitir que la irresponsabilidad, la pereza o cualquier otra cadena nos ate y nos impida hacer lo que debemos. El dice: "¡Aprende de las hormigas, perezoso! Imita sus costumbres, y sé sabio. Pues aunque no tienen rey que las obligue, trabajan empeñosas todo el verano, recogiendo alimento para el invierno. Pero tú no haces más que dormir. ¿Cuándo vas a despertar? 'Déjame dormir un poquito más'. ¡Claro, sólo un poquito más! Y mientras duermes, viene furtivamente la pobreza como ladrón, y te destruye; la necesidad te ataca con todas sus armas". Proverbios 6: 6-11 Versión La Biblia al Día. Paráfrasis).

El mejor ejemplo de cómo realizar las cosas en el momento oportuno lo encontramos en la vida y los logros de Jesucristo. Con su ejemplo nos dejó una gran lección acerca de cómo terminar lo que comenzamos y cómo realizar las cosas en el momento oportuno. Su venida, su nacimiento, su muerte y resurrección no ocurrieron ni antes, ni después de lo planificado, ni dejó detalles sin terminar. Sus palabras finales en la cruz del calvario revelan esta verdad. El, victorioso pudo decir: "Padre, consumado es". Lo que me encargaste lo terminé.

Para poder enfrentar este serio gigante que amenaza nuestras vidas se requiere una palabra que es fácil decirla; pero difícil practicarla. El antídoto de la enfermedad llamada "mañana" es la medicina llamada "ahora". Ahora es cuando necesita preocuparse de los asuntos que producen tinieblas en su relación matrimonial, no mañana. Salga con victoria de aquella errónea filosofía que dice: "Nunca haga hoy lo que puede posponer hasta mañana". (Chuck Swindoll: *Growing Strong in the seasons of life.* Multnomah Press, Portland Oregon,1983, página 182.)

Hace algún tiempo atrás estaba mirando el debate presidencial de los tres candidatos a la presidencia de los Estados Unidos y el entonces gobernador Clinton mencionó lo que un amigo le había citado con referencia a hacer cambios. Dijo que su amigo había definido como insano a la persona que permanece haciendo las mismas cosas y continúa esperando que exista un cambio. Creo que es una excelente definición y una gran verdad que también es aplicable a la vida conyugal. Muchos cónyuges están actuando inadecuadamente y lo saben porque ven los desagradables resultados en sus relaciones interpersonales. Por supuesto que la mayoría de ellos están cansado y esperan que ocurra un cambio, pero siguen haciendo lo mismo constantemente.

Epílogo

"No son los sentimientos o los gustos los que hacen funcionar el matrimonio, porque aunque el amor incluye sentimientos no depende de ellos. Es el compromiso que realicé delante de Dios de amar y honrar a mi cónyuge en toda circunstancia y por diferente que sea. No amo porque siento, yo amo porque debo, porque Dios me manda y me capacita para amar a pesar de mis sentimientos. El me da la capacidad de amar, pero soy yo el que elijo si le obedezco o no".

David Hormachea

Epílogo

Si usted es uno de los que siguen teniendo los mismos malos resultados en su relación matrimonial debe preocuparse seriamente del asunto. Si como pareja continúan teniendo conflictos por lo diferente que son, lo más sensato sería hacer cambios porque obviamente es una actitud insana el esperar cambios a pesar de que se mantienen las mismas acciones.

Una vez más en estos días experimenté momentos de gran angustia. En mi casa recibimos a unos grandes amigos que deseaban comunicarnos que su decisión era separarse. Como un consejero que ama al Señor y que está seguro de que su plan para el matrimonio no es el divorcio, sufro cuando veo que éste se acerca. Como un hijo de Dios que ama a la gente, me angustio y me siento impotente cuando por la resistencia al cambio, los matrimonios se destruyen. Me duele, porque he visto lo que este angustioso proceso produce en la gente. Lo he visto porque mi trabajo es estar cerca de la gente y sus sufrimientos.

Los pastores tenemos el gran privilegio de ser parte de la vida de las personas. Tenemos la oportunidad de estar en el hospital cuando un hijo de alguna pareja de la congregación nace. Lo vemos crecer, corretear por los patios del templo, participar en dramas de Navidad, lo bautizamos, lo observamos cuando se enamora, lo aconsejamos antes de casarse, lo casamos. Luego lo recibimos en nuestras oficinas cuando los conflictos matrimoniales les azotan y a través de la vida hemos tenido la oportunidad de llorar y reír juntos.

Tal vez por eso fue tan doloroso escuchar las palabras de ella que indicaban con seguridad que no estaba dispuesta a seguir esperando que mi amigo cambiara. A pesar de las promesas de él que daban a entender su disposición a hacer todos los cambios necesarios, ella se mostraba inmutable. Lamentablemente un nuevo matrimonio va camino al fracaso a no ser que Dios soberanamente toque aquellos corazones. Una niña vivirá el trauma de la separación, y dos personas quedarán marcadas para toda la vida por el dolor del divorcio.

Lo que vi aquella noche fue a dos personas que han cometido errores y pecados, que no han aprendido a vivir con sus diferencias ni han tomado la seria determinación de cambiar. Vi a una mujer y un hombre que conocen las enseñanzas de Jesucristo que hablan del amor, la humildad, el arrepentimiento y el perdón, pero que cansados de la ausencia de cambio, cansados de ver que su cónyuge no aplica lo que conoce, han decidido terminar la más hermosa relación que existe en este mundo.

Es mi oración que este duro golpe al orgullo de ambos y que cuando comiencen a sufrir las dolorosas consecuencias de la desobediencia a los mandamientos divino y de sus erróneas decisiones, el Espíritu Santo les mueva hacia al arrepentimiento y encuentren restauración en Cristo. Estaré listo para ayudarles cuando ellos estén dispuestos a cambiar.

Por supuesto que el cambio es difícil y algunos pueden realizarlo solamente cuando han experimentado el dolor de llegar al fondo del abismo. El cambio es algo interno. Tiene que ver con lo que somos. Solamente un cambio interno puede producir un cambio en el comportamiento y consecuentemente en un estilo de vida diferente.

Dios es el único que puede ofrecernos un cambio interno, por eso necesitamos a Dios. Si usted nunca ha aceptado a.

Jesucristo en su corazón, como su Salvador personal, eso es lo primero que debe hacer. Sin embargo, si la verdad fuera conocida nos daríamos cuenta de que existen millones de cristianos que tienen a Jesucristo y todavía no pueden ver grandes cambios en su vida. ¿Significa esto que Dios ha fallado? De ninguna manera. Quien ha fallado es el hombre que conoce a Jesucristo sólo intelectualmente, o ha aprendido el estilo de vida del cristianismo como quien se encarna en una nueva cultura, pero que no tienen una relación verdadera con Dios, el que verdaderamente ha fallado es el cristiano que se resiste a cumplir con los mandamientos divinos claramente establecidos en su Palabra.

En este último caso, Dios usará todos los medios que tiene a su alcance para ir formando la imagen de Cristo en aquel que es miembro de su familia. Aquella revolución que conduce a cambios permanentes puede ser súbita y dramática. Desde mi niñez y hasta estos días he tenido la oportunidad de ver cientos de personas que al aceptar a Jesucristo experimentaron cambios instantáneos y radicales, pero todos los cristianos pasamos por un proceso de cambio constante. El cambio está disponible. Dios ha provisto los medios. Dios nos ha dejado la guía que necesitamos, pero somos nosotros quienes debemos decidir ponerlos en práctica con la indispensable ayuda del Espíritu Santo. Los momentos de arrepentimiento sólo se terminarán cuando partamos de este mundo.

Todos viviremos experiencias internas y externas que soberanamente han sido planificadas por Dios y que nos llevan a diferentes crisis que dependiendo de nuestra actitud pueden producir cambios. Estas experiencias pueden tener muchos pasos, pero quisiera resumirlos en tres. En primer lugar, los eventos que conducen a una crisis. En segundo lugar, la reacción que tenemos frente a la crisis y en tercer lugar, la persistencia en las determinaciones tomadas producto de la crisis.

Todos los que vivimos en California constantemente estamos siendo informados de un posible terremoto. Habiendo nacido en Chile y pasado gran parte de mi vida en mi país he tenido la posibilidad de pasar algunos terremotos. Una de las cosas que siempre se dice es que los terremotos resultan de la acumulación de tensiones en lo profundo de la tierra. Existe en la profundidad una actividad y movimiento que generalmente es imperceptible en la superficie.

Lo mismo sucede en las personas y en la vida conyugal. Las tensiones y presiones se van desarrollando consciente e inconscientemente. Podemos ver los resultados de las tensiones sólo cuando éstas son absolutamente desagradables para la persona, cuando en vez de permitirnos experiencias placenteras nos sumergen en desesperación e impotencia, sólo allí nos encontramos en una crisis.

Cuando todas las tensiones internas de la tierra se hacen evidentes en el exterior de ella, la gente se encuentra en crisis y somos forzados a tomar determinaciones radicales que nos permitan subsistir en ese momento caótico. Por supuesto, que ninguna determinación, ninguna acción, por bien planificada o excelente que sea traerá un cambio súbito. Esas sabias estrategias y determinaciones, esos cuidadosos planes e inteligentes decisiones deben llevar dos ingredientes indispensables que se llaman fe y constancia.

Todo plan, planificación, determinación y estrategia para enfrentar una crisis debe estar marcada por la fe. La fe la defino como la confianza en Dios, la obediencia a Dios. Es tener la seguridad de que lo que El me dice, que lo que su Palabra me enseña, que sus principios y mandamientos están diseñados para mi bien. Que ellos son el único camino de salida.

La constancia la defino como la capacidad de permanecer a pesar de. No importa que otras voces y consejos se levanten, no importa las dificultades que encuentre, no importa que resulten las cosas como yo deseo, debo persistir en obedecer, en llevar a cabo las determinaciones que he tomado de acuerdo al consejo divino.

Cuando dos personas están listas a seguir el consejo divino el cambio es inevitable. Toda persona que está en Cristo puede cambiar permanentemente para el bien. "El leopardo puede perder sus manchas solamente si su naturaleza interior fuera cambiada (permutación de su código genético). De la misma manera, nuestra naturaleza debe cambiar desde el interior. Los cambios internos resultarán en un cambio del comportamiento. Mis acciones y palabras comenzarán a ser diferentes cuando yo sea diferente. Mi carácter y personalidad serán sutil pero claramente alterados. No estaré meramente actuando sino que seré una persona diferente" (*Changing on the Inside*, [Cambiando desde adentro] Dr. John White. 1991 Servant Publications. Ann Arbor, Michigan, página 216).

Para que el cambio sea posible un precio debe ser pagado. El precio lo pagó Jesucristo con su muerte en la cruz. Por su sacrificio El hizo posible mi redención y por su muerte podemos tener vida. "De modo que si alguno está en Cristo, nueva criatura es" (2 Corintios 5:17).

Para que el cambio sea posible un precio debe ser pagado. El precio también debemos pagarlo nosotros. El precio es enfrentar la verdad. Sin Cristo no podemos. Todos nuestros intentos terminarán en buenos intentos. Estamos indefensos e impotentes, somos incapaces, necesitamos de Dios. Debemos renunciar a nuestro orgullo y autosuficiencia y humillarnos ante la poderosa mano de Dios.

Siendo que nuestro inadecuado comportamiento en las relaciones interpersonales afecta nuestra relación con Dios y con nuestros seres queridos, para poder cambiar debemos tomar la decisión de honrar a Dios y a nuestro cónyuge. La manera más efectiva de abrir la puerta para realizar los cambios necesarios es determinar honrar a quien uno ama. Una vez que realizamos la decisión de honrar, el amor es una acción que llevaremos a cabo no importa lo que sentimos, porque el amor genuino es el honor puesto en acción sin importar el costo.

Quien genuinamente ha decidido honrar a Dios y realizar todas las acciones que sean necesarias para honrar a sus seres queridos estará constantemente buscando el bienestar de los que ama. Para cambiar se necesita tener la disposición de rechazar el antiguo comportamiento y de aceptar uno completamente nuevo. Para cambiar se necesita la disposición de rechazar los principios que han fracasado y aceptar los principios divinos que en la Palabra de Dios nos han sido dejados.

Creo que todos nosotros vivimos temporadas en que estamos cerrados a los cambios. Sabemos que es necesario cambiar, estamos conscientes de las áreas que debemos cambiar, sabias personas nos aconsejan el cambio, pero sistemáticamente lo rechazamos.

He notado algo peor. Existen muchas personas que saben que Dios está demandando un cambio en distintas áreas, pero aun así, deliberadamente lo rechazan. Nuestro problema es que nos encanta hacer las cosas a nuestra manera. Si las cosas no se realizan de esta forma y cuando lo deseamos y en el momento en que lo pedimos, tenemos serios conflictos para aceptarlas. Quisiera evitar que cometa el error que muchos cometen: Seguir pensando que en algún momento, en otro lugar, con otra persona, en otras circunstancias los cambios serán más fáciles y el compromiso no tan demandante.

Le advierto, su filosofía es errónea. Es indispensable que hoy usted tome la determinación de realizar todos los cambios que sean necesarios y oportunos, y que concluya que es usted la persona que debe cambiar y que hoy es el momento más oportuno para poder realizarlos. Si ésta es su determinación le suplico que tenga en cuenta las siguientes verdades que creo son importantes:

Primero: Es innecesario y aun perjudicial tratar de cambiar todas las diferencias.

Segundo: Recuerde que nadie puede cambiar a otra persona. Que los cambios deben ser personales para que sean genuinos y reales. Es menester que cada persona decida hacer los cambios necesarios por sí misma. Debemos recordar que quienes debemos cambiar somos nosotros.

Tercero: Debemos recordar que personalmente tenemos que cambiar las diferencias que son perjudiciales para nuestra relación interpersonal.

Cuarto: Recuerde que el cambio más importante es cambiar la actitud que tenemos con respecto a lo diferente que es nuestro cónyuge pues sus diferencias son características propias de su personalidad. Debemos mantener en mente que las diferencias no son necesariamente malas, ni necesariamente estas perjudican las buenas relaciones, sino que cuando son aceptadas con una buena actitud y manejadas con sabiduría, más bien complementan y fortalecen la relación conyugal.

A women's mind behind
the mask
Being Underwater - Wings
To Words...-!

Taking a Step Without
Feet "There's an
importante difference
between giving up and
letting go".